FACULTÉ DE DROIT DE PARIS

DROIT ROMAIN

DES

TRAITÉS CONCLUS PAR ROME

AVEC LES ROIS ÉTRANGERS

DROIT MODERNE

DES CONSÉQUENCES

DES

TRANSFORMATIONS TERRITORIALES

DES ÉTATS

SUR LES TRAITÉS ANTÉRIEURS

THÈSE POUR LE DOCTORAT

PAR

Léon LARIVIÈRE

AVOCAT À LA COUR D'APPEL

PARIS

LIBRAIRIE NOUVELLE DE DROIT ET DE JURISPRUDENCE

ARTHUR ROUSSEAU, ÉDITEUR

14, RUE SOUFFLOT ET RUE TOULLIER, 13

1892

THÈSE

POUR LE DOCTORAT

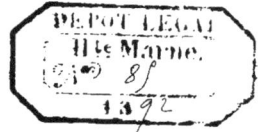

FACULTÉ DE DROIT DE PARIS

DROIT ROMAIN

DES

TRAITÉS CONCLUS PAR ROME

AVEC LES ROIS ÉTRANGERS

DROIT MODERNE

DES CONSÉQUENCES

DES

TRANSFORMATIONS TERRITORIALES

DES ÉTATS

SUR LES TRAITÉS ANTÉRIEURS

THÈSE POUR LE DOCTORAT

L'ACTE PUBLIC SUR LES MATIÈRES CI-APRÈS
Sera soutenu le vendredi 10 Juin 1892, à 2 heures et demie.

PAR

Léon LARIVIÈRE

AVOCAT A LA COUR D'APPEL

Président : M. RENAULT.

Suffragants : { MM. GARSONNET, } *professeurs.*
{ LAINÉ, }
{ WEISS, } *agrégé.*

PARIS

LIBRAIRIE NOUVELLE DE DROIT ET DE JURISPRUDENCE

ARTHUR ROUSSEAU, ÉDITEUR

14, RUE SOUFFLOT ET RUE TOULLIER, 13

1892

C.

DROIT ROMAIN

DES TRAITÉS CONCLUS PAR ROME

AVEC LES ROIS ÉTRANGERS

AVANT-PROPOS

Personne ne conteste plus aujourd'hui que l'histoire est indispensable à l'étude complète et approfondie d'une législation. Pour apprécier sainement la législation d'un peuple, il faut absolument commencer par se faire une idée exacte de sa situation géographique, connaître sa formation, les périodes successives de son histoire, de sa civilisation, ses relations politiques avec les autres peuples.

Il nous semble même que dans un sujet de droit international public, il est impossible de se placer sur un terrain purement juridique. L'histoire doit toujours être là pour nous montrer les changements survenus dans la situation respective de chaque peuple, changements qui doivent infailliblement modifier les rapports internationaux. Nos observations juridiques ne seront guère en quelque sorte que la constatation de ces rapports internationaux et de leurs différents changements. L'histoire sera le cicérone qui partout nous donnera la date de la naissance, de la mort, et nous indiquera le pourquoi et le comment de chaque chose.

CHAPITRE PRÉLIMINAIRE

RAISON D'ÊTRE DES TRAITÉS DE PAIX, AMITIÉ OU ALLIANCE
CONCLUS PAR ROME AVEC LES ROIS ÉTRANGERS.

Parmi les différents alliés que Rome sut se ménager
pour l'aider à conquérir l'empire du monde, puis pour
s'y maintenir, à côté des colonies romaines et latines, à
côté des villes libres et alliées, des provinces et des pré-
fectures, nous trouvons des rois et même de simples
particuliers. Tous pouvaient, chacun dans sa sphère,
lui rendre des services : avec chacun d'eux le droit public romain permettait de conclure une convention. Peu
importait, pour celui à qui était consenti un traité personnel, qu'il appartînt ou non à un peuple déjà allié de
Rome. Il recevait toujours par là des avantages spéciaux.
L'exemple le plus connu est celui qui nous est donné
par le sénatus-consulte de 676, en faveur des trois capitaines de navires de Carystos, de Clazomène et de
Milet, qui avaient rendu des services aux Romains pendant la guerre sociale. Le traité conclu avec Astypalea
en 649 semble aussi avoir accordé à l'ambassadeur, à
titre spécial, un droit personnel d'*amicitia* (1).

(1) Mommsen et Marquardt, *Manuel des antiquités romaines.* Droit public
romain. Tome IV, 2ᵉ part. Traduction de M. Paul Girard, p. 207.

A première vue, pour celui qui lit l'histoire de Rome,
il pourrait sembler que celle-ci, surtout à l'époque de la
république, donne souvent les preuves d'une profonde
antipathie à l'encontre de tout ce qui était monarchie.
Bien souvent en effet, à la suite de guerres faites à des
rois ennemis, nous la voyons imposer à ceux-ci l'abandon de certaines villes, de certaines portions de territoire qu'elle transformait aussitôt en petites républiques,
au lieu de se les annexer. Mais en observant davantage,
on remarque bientôt que ce n'est là qu'une manœuvre
politique, et non pas la satisfaction plus ou moins platonique de donner à des peuples désormais alliés ou amis
une forme de gouvernement pour laquelle elle se sentait
plus de sympathie. On affaiblissait par là un roi duquel
on pouvait encore craindre quelque rébellion, et l'on paraissait donner la liberté à ceux de ses sujets qu'on sous-
trayait à sa domination. On les appelait, en raison de
cela, *populi liberi*, *civitates liberæ*, tandis que leur fai-
blesse les rendait entièrement dépendants de celle qui
semblait les avoir affranchis. On acquérait ainsi à peu
de frais leur reconnaissance.

Après les avoir de la sorte affaiblis, Rome consentait
assez volontiers des traités d'amitié ou d'alliance aux
rois qu'elle venait de vaincre, surtout lorsqu'ils se trouvaient sur les frontières du pays soumis à sa domination.
Tacite dit même (1) que c'était une ancienne maxime du

---

(1) *Veteri ac jam pridem recepta populi romani consuetudine ut haberet
instrumenta servitutis et reges. Agric. Vita, C. 14.*

peuple romain d'avoir des rois pour instruments de sa domination. Directement en contact avec les barbares d'un côté et les Romains de l'autre, ils étaient pour ceux-ci un rempart. En cas de guerre, ils soutenaient le premier choc de l'ennemi qui devait forcément franchir leur royaume, avant d'arriver sur le sol romain. N'eussent-ils avec Rome qu'un simple traité d'amitié, cela suffisait pour les obliger à refuser à l'ennemi le passage des troupes sur leur territoire, et s'y opposer même par les armes, au cas où l'on voudrait leur faire violence.

Au lieu de faire sentir trop brusquement son pouvoir sur les peuples avec lesquels elle entrait en relations, Rome cherchait au contraire à ménager le plus possible leurs habitudes, leurs tendances, leurs goûts : aussi bien rarement la voyons-nous substituer d'un seul coup, pour un peuple tout entier, une forme de gouvernement à une autre. Elle savait, comme le dit Montesquieu (1), « que les peuples d'Asie abhorraient les noms de consul et de proconsul » : aussi tarda-t-elle, plus longtemps qu'ailleurs, à y enlever le gouvernement aux rois, pour convertir le pays en province romaine, dont l'administration était confiée à un gouverneur romain.

Lorsque Rome se trouve en présence d'un de ces peuples appelés *liberi*, parce qu'ils vivent en république, c'est avec l'État, pris comme personne morale, bien que en la personne de ses représentants, qu'elle contracte.

---

(1) *Œuvres complètes de Montesquieu*, Edition Ravenel, 1834, *Grandeur et décadence des Romains*, p. 152.

Lorsqu'au contraire elle se trouve en présence d'un pays monarchique, c'est avec le roi lui-même, considéré individuellement, qu'elle fait ce traité. Sans doute on prend en considération ses titres, ses qualités et notamment sa qualité de roi. On ne traite pas avec lui, bien entendu dans les mêmes termes qu'on le ferait avec un simple particulier. On sait quelle est sa puissance, on sait qu'il y a un peuple derrière lui, et tout en traitant avec lui personnellement, on vise et on atteint, quoique indirectement, ce peuple. Mais ce traité diffère essentiellement de ceux qui sont consentis aux républiques. Ceux-ci sont toujours, autant du moins qu'il n'y a pas de clauses contraires, perpétuels. Rome aime à en stipuler le caractère de perpétuité. Cette expression même se rencontre dans les traités qu'elle consent aux rois, mais la portée en est bien différente. Ceux qui sont consentis aux républiques n'ont rien de viager : ils subsistent jusqu'à leur dénonciation, tandis que la durée maxima du traité consenti à un roi est la limite même de la vie de celui-ci.

Rome trouvait encore là un intérêt qu'elle savait apprécier. Les gouvernants d'un pays, surtout dans une république, sont exposés à être souvent changés. Les successeurs n'ont pas toujours le même caractère, les mêmes talents que leurs devanciers : ils ne suivent pas toujours la même ligne politique. Ils n'ont pas qualité pour engager leurs concitoyens sans y être autorisés. Il peut résulter de là de graves inconvénients pour les pays

liés par un traité avec l'État chez lequel s'accomplissent
ces changements. Et pourtant, dans une république, les
gouvernants peuvent changer sans que cela porte aucune atteinte aux traités existants. Dans les traités que
Rome consentait aux rois, aucun de ces inconvénients
ne se présentait. Une fois le roi avec qui l'on avait
traité mort, le traité qu'on lui avait consenti cessait
d'exister. Avec son successeur, on traitera si bon semble, et dans les conditions qui paraîtront opportunes.
Toutes les circonstances pouvant varier, on tiendra
compte de chacune d'elles. Du reste, la puissance de Rome
s'étant accrue, son influence ayant davantage pénétré
dans le pays, les clauses du nouveau traité, longtemps
différé, afin de le faire plus désirer, lieront plus étroitement le nouvel allié, et par suite son peuple. Peu à peu,
le pays s'habituera au commandement que Rome exer-
cera ensuite directement par l'organe d'un gouverneur.

L'histoire d'ailleurs nous apprend que les peuples de
l'antiquité, essentiellement belliqueux, ayant sans doute
conscience du peu de stabilité des États, et se disant que
les circonstances changeant, les intérêts internationaux
devaient fatalement changer aussi, n'aimaient pas les
traités de longue durée. Les Grecs n'en concluaient jamais pour plus de cent ans, et encore, la plupart du
temps se trouvaient-ils dénoncés avant leur expiration.

Les Romains non plus n'aimaient pas se sentir les
mains liées pour longtemps par un traité. Sans doute
ils savaient toujours s'y ménager quelque échappatoire

pour s'y soustraire en temps opportun : mais il était encore plus habile de mettre le droit de son côté. Une ré-
putation d'honnêteté pouvait quelquefois avoir son prix.
Le caractère viager des traités consentis aux rois en faisait des traités de durée relativement courte.

La durée de la vie du roi à qui il était consenti n'était
d'ailleurs qu'une limite maxima. D'autres causes que la
mort du prince y mettaient fin.

Sans doute le traité consenti à un roi impliquait sa
reconnaissance en tant que roi. Mais comme Rome ne
tarda pas à tenir d'une façon assez étroite en sa puissance, les rois ses alliés ou ses amis, comme elle eut vite
fait de s'ériger en arbitre suprême de leurs actes, si l'un
d'eux ne se montrait pas assez docile à ses injonctions,
il lui était facile de lui trouver un compétiteur qu'elle
reconnaissait à sa place en qualité de roi. Le traité antérieur avait dès lors cessé d'être valable tout à la fois pour
le roi qui perdait son titre, et pour son successeur. Et
celui-ci, heureux de se voir servi par Rome dans ses
ambitions, consentait volontiers à tout ce qu'elle voulait
exiger de lui. Les rois régnants le savaient si bien qu'ils
s'exposaient rarement au châtiment.

Cette crainte de se voir détrônés par les Romains était
généralement pour les rois alliés ou amis le commencement de leur docile soumission à celle qui plus tard,
quand elle jugerait le moment venu, n'hésiterait pas à
convertir leurs royaumes en province romaine.

Aussi les rois sont-ils pour la *civitas romana* les meilleurs agents de soumission des peuples. Bien que portant des titres pompeux, ils ne sont pour Rome, surtout sous l'empire, que des esclaves empressés à lui plaire. Loin d'encourir des châtiments toujours sévères, ils font leur possible pour obtenir des récompenses qu'elle ne se refuse pas à leur donner lorsqu'elle les juge méritées.

Ce sont ces traités que Rome consentait aux rois, qui feront l'objet de notre étude. Le sujet a été jusqu'à présent négligé par les historiens et les jurisconsultes. Bien peu signalent ces traités comme distincts de ceux qui étaient consentis aux républiques.

CHAPITRE PREMIER

AUTORITÉS COMPÉTENTES, FORMES ET PROCÉDURE.

Toute convention, dans le droit public aussi bien que dans le droit privé, exige pour sa formation, la manifestation de deux volontés concordantes sur un même objet. La liberté du consentement, l'absence d'erreur, de dol ou de violence doivent être interprétées d'une façon bien moins rigoureuse dans le droit international public que dans le droit privé. Rarement, dans les traités publics, la volonté des parties contractantes sera tout à fait libre, mais encore faut-il qu'il y ait consentement exprimé de part et d'autre.

Quelles sont les autorités compétentes pour concourir à la confection d'un traité entre Rome et un roi? C'est une question qui nous paraît devoir être résolue tout d'abord dans ce chapitre.

Du côté des rois, point de difficultés. Dans les pays monarchiques de l'antiquité, les rois semblent avoir presque toujours exercé le pouvoir absolu. Ils sont donc compétents, eux ou ceux qui ont reçu mission de les représenter, pour consentir des traités internationaux.

C'est du reste en ceci le côté romain qui nous intéresse, et c'est sur lui que nous allons porter toute notre attention.

Les premiers rois de Rome paraissent avoir été presque souverains dans les relations extérieures. Ils posaient les conditions des traités, sans doute après les avoir plus ou moins discutées dans leur Sénat, puis, recevaient le serment du nouvel allié, et prêtaient à leur tour serment en qualité de magistrats supérieurs de la *civitas romana*, et en qualité de pontifes suprêmes. Ces deux titres se confondaient alors, ainsi que les deux attributions.

L'intervention du Sénat, presque facultative à l'origine, s'accrut progressivement.

Peu à peu, le Sénat et le peuple acquièrent de plus en plus d'importance. Il faut davantage en tenir compte dans les relations extérieures de la cité. Le Sénat a bientôt fait de prendre la direction des affaires internationales, et bientôt l'on ne peut plus engager le peuple par des alliances, sans qu'il y donne son consentement dans les comices.

Rien d'étonnant alors si nous ne voyons que bien rarement sous les rois, le Sénat mentionné en termes exprès dans les traités internationaux (1). Mais il en est tout autrement sous la république. Dès le début de ces actes, il en est fait mention. C'est même lui, en quelque sorte, qui y est considéré comme partie contractante du

(1) Denys d'Halicarnasse, 3, 26.

côté des Romains (1). Et comme généralement, chez les anciens, c'est par un acte unilatéral que chacune des parties s'engage dans les conventions internationales, c'est généralement aussi par un décret du magistrat rendu d'accord avec le Sénat, c'est-à-dire par un séna-tus-consulte, que se règlent pour Rome les affaires de politique extérieure. Nous n'y rencontrons que cette restriction déjà mentionnée, que le peuple ne peut se trouver enchaîné par une alliance, qu'autant qu'il y a donné son consentement dans les comices.

Lorsque Rome n'envoyait pas encore ses armées dans les pays lointains, lorsque ses généraux se trouvaient en présence d'un ennemi ou d'un neutre qui demandait à traiter, ils appréciaient librement s'ils devaient ou non permettre l'envoi d'ambassadeurs à Rome pour y discuter les conditions d'un traité, et même parfois consentir certaines conventions d'ordre transitoire. Si c'était un neutre qui demandait l'alliance, le général romain se contentait souvent d'envoyer à Rome les délégués de l'impétrant. Si c'était au contraire l'ennemi contre lequel on était en guerre, il lui accordait, s'il le jugeait à propos, une trêve ou un armistice au bout desquels on reprenait immédiatement les hostilités s'il n'y avait pas eu de traité consenti par Rome. L'armistice était du reste d'assez courte durée pour ne pas permettre à l'ennemi de préparer une action vigoureuse (2).

(1) Tite-Live, 2, 22, 5, c. 25, 6, etc.
(2) Avec d'autres conditions au cas d'armistice ou de trêve, le général ro-

Ce n'est donc, en cas de guerre, qu'autant qu'il y aura assentiment du général romain, que le Sénat consentira à entrer en négociations avec l'ennemi. Dans les guerres italiques, nous dit Mommsen (1), c'est même très souvent le magistrat victorieux qui revient à Rome diriger les discussions du Sénat sur les conditions qu'il convient d'insérer dans le traité que l'on va consentir au vaincu.

Quoi d'étonnant dès lors que le général romain, avant d'envoyer au Sénat les ambassadeurs de l'ennemi, leur fit d'abord entendre quelles seraient les bases du traité qui leur serait probablement consenti ? C'est vraisemblablement ce qui eut lieu la plupart du temps.

De là aux préliminaires consentis par le général romain commandant en chef en pays lointain, il n'y avait qu'un pas.

Lorsqu'avec les conquêtes de Rome, sa domination s'est étendue davantage, ses généraux se trouvent parfois bien loin en face de l'ennemi qu'ils ont à combattre et à soumettre. Les communications avec le Sénat sont longues et difficiles. Exiger à chaque instant l'intervention de celui-ci, c'eût été créer au général romain de grandes difficultés, et entraver le succès de ses armes. Le Sénat le comprit, et selon les circonstances, il donna à ses généraux des pouvoirs plus ou moins étendus,

---

main stipulait habituellement pour son armée, et pour tout le temps que devait durer cette trêve ou cet armistice, une solde, des vivres, et des vêtements pour ses soldats.

(1) Mommsen, *Manuel des antiquités romaines*, tome VII. Droit public romain. Trad. de l'allemand par P. Girard, p. 381.

pour leur permettre de traiter avec l'ennemi, réservant du reste sa ratification ultérieure. Le général néanmoins n'avait jamais en son pouvoir de consentir une convention d'alliance ni même d'amitié ou d'hospitalité. S'il le faisait, ce ne pouvait être que sous réserve de ratification ultérieure du Sénat, ou même parfois du peuple. C'est ainsi que Massinissa salué d'abord comme roi par Scipion s'adresse ensuite au Sénat pour lui demander la confirmation de son traité d'amitié : *Petere ut regium nomen cœteraque Scipionis beneficia senatus decreto confirmaret* (1).

Il faut un traité en règle pour permettre au magistrat romain de requérir ou de fournir lui-même des secours militaires. Un traité d'alliance peut seul y autoriser : mais en raison de la gravité des conséquences qu'entraîne un traité de cette nature, il ne sera conclu d'une façon définitive que lorsqu'il aura été voté tout à la fois par le Sénat et par le peuple dans ses comices. C'est *lege* et *senatus-consulto* qu'est consacrée en 695 l'alliance militaire avec le roi Ptolémée d'Egypte (2).

Les conventions d'amitié et d'hospitalité comportent des conséquences moins graves. Au point de vue de la guerre, elles ne comportent que la neutralité. Il semble que le Sénat avait à lui seul pouvoir de les consentir à titre définitif.

Ces règles toutefois étaient moins rigoureuses à l'égard

(1) Tite-Live, 30, 17, 10.
(2) César, B. c. 3, 107 ; cf. Dion Cassius, 39, 1, 2.

des États ou des rois amis dont les territoires se trouvaient dans le rayon des opérations militaires des généraux romains. Ceux-ci pouvaient alors requérir d'eux, sans l'intervention du Sénat, des secours qui leur étaient nécessaires en raison des circonstances, mais dans une mesure vraisemblablement beaucoup plus étroite que lorsqu'il existait un traité d'alliance en règle.

Tout magistrat en fonctions hors de Rome est d'ailleurs compétent pour prendre des arrangements d'ordre transitoire, quelle que soit la situation de son co-contractant à l'égard de Rome.

La plus importante des conventions militaires internationales, l'armistice, peut être conclue par le général seul, nous dit Mommsen (1), mais il ne durera alors pas plus d'une année. A plus forte raison le général peut-il conclure à lui seul les autres conventions militaires de moindre importance, et prendre toutes les décisions (*acta*) qui sont, en cas de guerre, réservées à l'initiative individuelle d'un officier commandant en chef.

Mais toutes ces mesures arrêtées par un magistrat romain hors de Rome, soit seul, soit en communauté avec un conseil de guerre [qu'il compose d'ailleurs lui-même à sa guise], dès qu'elles sont destinées à avoir une durée excédant une année, seront toujours soumises à l'approbation du Sénat.

D'eux-mêmes, les généraux romains n'aimaient pas à prendre sur eux la responsabilité de conventions ou

(1) Mommsen, *Ibid.*, tome VII, p. 385.

de décisions pouvant avoir quelque importance pour la politique de leur patrie. S'ils étaient à l'étranger uniques représentants du Sénat et de Rome, souvent ils délibéraient avec un conseil de guerre sur les décisions qu'ils avaient d'ailleurs le droit de prendre seuls, en raison de leur durée momentanée, et à plus forte raison sur celles qu'ils allaient prendre à titre provisoire et dont la perfection n'était possible qu'avec l'assentiment du Sénat.

Celui-ci d'ailleurs envoyait rarement des généraux au loin sans leur adjoindre une commission de dix membres pris dans son sein, pour leur servir de conseil dans leurs relations avec l'ennemi, délibérer avec eux sur les décisions à prendre, et les assister, même officiellement, dans la conclusion des conventions préparatoires. Cette commission pouvait être aussi à l'occasion un contrôle, en même temps qu'un mentor pour le général en chef auquel le Sénat n'était pas alors obligé de déléguer une aussi grande part de ses propres pouvoirs.

Sans doute, à l'époque de la toute puissance du Sénat, c'est-à-dire à l'âge d'or de la république, le général romain avait soin, dans ces sortes de préliminaires du traité de paix, de ne pas encourir la désapprobation du Sénat, toujours jaloux de ses attributions internationales Ce n'est, en quelque sorte, qu'au cas de nécessité, et vers la fin de la république ou le commencement de l'empire, que l'on usa de ces préliminaires. On cite même dans des guerres d'outre-mer des négociations relatives à la paix, qui ont eu lieu à Rome sans préliminaires conclus par le général romain. C'est ainsi qu'eurent lieu les négociations non seulement avec Pyrrhus, mais aussi avec le roi Philippe en 557 (1).

C'est d'ailleurs là une question de circonstances et de faits, car Tite-Live (2) nous apprend qu'après la prise de Syracuse en 543, il y eut des préliminaires de paix avec le roi Hiéron.

En 559, nous voyons encore des préliminaires conclus par Flamininus avec le roi Nabis. Tite-Live (3) dit même que ces préliminaires eurent lieu *adhibitis legatis tantum tribunisque*, c'est-à-dire sans la commission de dix membres que le Sénat avait pris soin d'adjoindre à Flamininus.

Polybe (4) rapporte que dans les négociations de la paix avec Antiochus, des préliminaires furent arrêtés entre les ambassadeurs de celui-ci, et le général romain assisté d'un conseil de guerre.

Du reste, lorsqu'a pris naissance l'usage pour les généraux de consentir des préliminaires de paix, même lorsqu'il y avait eu de leur part foi jurée, corroborée par le serment de compagnons qu'ils s'étaient adjoints à cet effet pour cela, le peuple romain ne se reconnaissait pas comme obligé par là ; il faut excepter toutefois les cas où Rome, ayant eu préalablement connaissance du projet de convention, avait manifesté son acquiescement

(1) Polybe, 18, 38, 3. — Tite-Live, 33, 13.
(2) Tite-Live, 26, 31, 10, c. 32, 6.
(3) Tite-Live, 34, 35, 1.
(4) Polybe, 21, 16, 17. — Tite-Live, 37, 45.

par l'envoi de féciaux avec mission de prêter serment. En l'absence de cette sorte de manifestation de sa volonté, Rome ne se gênait pas, lorsqu'elle y trouvait son intérêt, pour désavouer son général et ses *cojuratores* et affirmer qu'elle n'était, elle-même, tenue d'aucune obligation en raison du serment prêté par des individus qui n'avaient pas reçu d'elle mission de le prêter. C'est alors qu'avait lieu ce qu'on appelait la procédure d'expiation, c'est-à-dire la tradition à l'ennemi de ceux qui avaient juré à l'étranger une convention que Rome prétendait ne pas exécuter.

Mommsen (1) nous dit que la question de savoir si cette tradition doit avoir lieu est tranchée dans des formes analogues à celles de la procédure criminelle, et que la question est soumise à l'origine au roi assisté de son conseil, plus tard aux consuls, concurremment avec le Sénat, plus tard encore aux comices.

La dénonciation de la convention des Fourches Caudines est l'exemple le plus connu de cette façon d'agir, dont Rome ne se fit pas scrupule d'user. Les consuls Titus Veturius et Spurius Posthumius, dans leur convention avec Pontius, avaient réservé entièrement la ratification de Rome, ne traitant eux-mêmes qu'en leur nom personnel et pour l'armée dont ils avaient le commandement. Les Samnites font passer toute l'armée romaine sous le joug, et reçoivent 600 otages pris dans la cavalerie romaine, qui devaient payer de leur tête le re-

(1) Mommsen, *Ibid.*, tome VII, p. 388.

fus de ratification. Rome la refuse d'ailleurs, et se contente de livrer aux Samnites les consuls et leurs lieutenants, les questeurs et les tribuns qui avaient consenti ce traité honteux. Les Romains se crurent par là quittes de tous engagements, et prétendirent même y trouver un juste sujet de reprendre les hostilités. Ils renvoyèrent contre les Samnites cette même armée que Pontius avait épargnée sur la foi des traités (1). Tite-Live, et après lui Grotius (2) et Puffendorf (3) distinguant entre la *sponsio*, qui n'oblige que les personnes qui ont elles-mêmes pris l'engagement, et le *fœdus*, qui emporte engagement de la part du peuple romain, disent qu'il n'y a eu là qu'une simple *sponsio*. D'ailleurs, selon eux, le droit d'obliger sa cité disparaît entièrement pour le consul vaincu, par l'état de contrainte dans lequel il se trouve.

Les idées sans doute ont bien changé depuis, car un peuple qui tiendrait aujourd'hui pareil raisonnement se verrait presque complètement exclu des relations internationales.

A la fin de la république, le général romain qui porte la guerre en pays lointain conclut lui-même les traités avec l'étranger, lorsque cela est tout à fait impossible pour le Sénat. Celui-ci a du reste soin d'adjoindre au général une commission habituellement composée de dix sénateurs. Nous en avons déjà fait mention plus

(1) Tite-Live, lib. IX, cap. 4, 5.
(2) *De jure belli et pacis*, II, 15, 16.
(3) *De jure naturali et gentium*, VIII, 9, 12.

haut. Le général romain est lié par l'avis de la majorité
des membres de cette commission, qui eux-mêmes doivent se conformer aux instructions reçues du Sénat. Les
décisions prises de cette façon sont alors définitives, sauf
les questions pour lesquelles on a pu quelquefois réserver l'approbation du Sénat. Le peuple n'intervient plus
en raison de l'extension du droit de cité.

Il est parfois arrivé aux comices, dans des cas particuliers, et en vertu de circonstances exceptionnelles,
d'élire un ou plusieurs magistrats spéciaux pour la conclusion de la paix avec un ennemi. C'est ainsi que Tite-
Live (1) nous dit que des décemvirs spécialement nom-
més à cet effet ont, à la fin de la première guerre punique,
conclu la paix avec les Carthaginois, après rejet des préliminaires arrêtés par Catulus. Mommsen considère
comme probable qu'il fut procédé de la même façon
pour terminer la troisième guerre punique. Il faut d'ailleurs se garder de confondre ces décemvirs avec les
decem legati formant la commission sénatoriale adjointe
à un général commandant en chef une expédition loin-
taine. C'est encore Tite-Live (2) qui nous apprend que
dans la guerre d'Annibal, le proconsul Scipion, et le
consul de 553, prétendant tous deux conclure la paix,
la question fut tranchée par un plébiscite en faveur du
premier.

Dès l'époque de Sylla, il semble que le Sénat s'est

(1) Tite-Live, 30, 40, 14, c. 43, 3.
(2) Tite-Live, *Ibid*.

complètement emparé de la compétence qui paraissait jusque-là réservée au peuple tout au moins pour la conclusion de traités d'alliance. Il semble même que cette substitution s'est faite beaucoup plus facilement pour les traités consentis à titre individuel à des rois ou même à de simples particuliers. C'est ainsi que le sénatus-consulte de 676 de la fondation de Rome, qui attribue des privilèges spéciaux à Asclépiade et à ses compagnons, se présente, dans sa rédaction, comme tout à fait définitif.

A l'époque impériale, le Sénat et le peuple ont vu successivement disparaître tous leurs anciens privilèges, et toutes les attributions spéciales qui leur avaient été jusqu'alors réservées. Le pouvoir absolu des empereurs s'affirme de plus en plus, et bientôt, pour les relations de politique extérieure, aussi bien que pour l'administration intérieure de l'empire, il est vrai de dire : *quod principi placuit, legis habet rigorem.* C'est l'empereur qui dicte sa volonté. Lorsque le Sénat est consulté, ce n'est que pour la forme : on lui a dicté d'avance sa décision. Si quelqu'un se montre récalcitrant, tous les moyens sont bons pour le faire taire, et au besoin pour le supprimer. Si le Sénat intervient alors dans les affaires de politique extérieure, si on le trouve encore mentionné dans quelques traités, ce n'est plus en quelque sorte qu'à titre décoratif.

Mommsen dit que c'est par suite de la délégation qu'Auguste, et après lui ses successeurs reçurent de l'assemblée du peuple, c'est-à-dire en vertu de la *lex regia*, que

les empereurs eurent ainsi pleine autorité dans les affaires de politique extérieure comme désormais dans
toutes les autres.

A l'époque de la décadence de Rome, tous les habi-
tants de l'empire, devenus citoyens romains en vertu du
décret de Caracalla, sont en trop grand nombre pour
pouvoir être consultés sur la question d'opportunité d'un
traité. C'est du reste là un droit qu'ils ont abdiqué entre
les mains de l'empereur.

Quant au Sénat, il a complètement disparu pour faire
place à un conseil privé composé au gré du maître de
hauts fonctionnaires, de flatteurs, de courtisans et même
d'eunuques, dont il est facile d'acheter la conscience.

Il est incontestable que dans les premiers siècles de
Rome, les conventions qu'elle fit avec l'étranger eurent
un caractère synallagmatique, qui, quoique s'effaçant
graduellement à mesure que la prépondérance de Rome
s'accentua, n'en subsista pas moins pendant longtemps.
Dès que Rome fut prépondérante, elle dicta ses lois aux
conditions qui lui convinrent. Le caractère synallagmatique de ses traités n'existe plus alors que pour la forme.

Le peuple romain, religieux ainsi que la plupart des
peuples de l'antiquité, et formaliste plus qu'aucun autre,
recourait, dans ses conventions internationales, comme
dans le droit privé, à un grand nombre de formalités
plus ou moins solennelles, et principalement au serment.
On faisait intervenir la divinité pour corroborer l'engagement que l'on prenait, et pour attirer la malédiction

divine sur celui qui viendrait à manquer à la parole donnée.

Les termes du serment, et les autres formalités qui accompagnaient l'engagement pris par celui qui devenait l'allié de Rome variaient avec les différents peuples. On exigeait seulement celles qui étaient considérées comme les plus sacrées.

Mais Rome, de son côté, avait différentes façons plus ou moins étroites de contracter ses propres engagements vis-à-vis de son nouvel allié. Dès qu'elle s'était assurée de la foi de celui-ci, elle tenait en général assez peu à se lier les mains à elle-même. Dans ses traités avec les rois surtout, il semble que, moins soucieuse de leur susceptibilité, plus sûre de les tenir sous sa domination, elle ne s'est pas engagée vis-à-vis d'eux dans des termes aussi solennels qu'elle le fit pour les États. Mommsen (1) nous soutient que « la forme ordinairement employée dans les traités était, comme dans les contrats ordinaires du droit privé, le simple échange d'une interrogation et d'une réponse, se rapportant à un titre écrit ; celui-ci était exposé au capitole pour y rester dans une perpétuelle mémoire ». C'était là une simple *sponsio*, convention toute profane ; il y avait parole donnée, mais la divinité n'était pas prise à témoin. Y manquer était simplement un manque de scrupule que l'on avait vite fait de justifier en ergotant sur les termes de la convention, ou en alléguant des modifications survenues

(1) Mommsen, *ibid.*, tome VII, p. 209.

dans les circonstances qui avaient provoqué l'accord intervenu. Lorsque l'on n'avait pas eu soin d'y stipuler le *sic rebus stantibus*, on alléguait qu'il était fatalement et inévitablement sous-entendu dans toutes sortes de conventions.

Lorsque Rome voulait s'engager d'une façon plus étroite, elle recourait à ce qu'elle appelait le *fœdus*, acte essentiellement religieux. Surtout à l'époque ancienne intervenait alors le serment d'exécration, par lequel on prenait la divinité à témoin de l'accord intervenu, appelant sa malédiction et sa vengeance sur celui qui ne respecterait pas la foi jurée. Dans cette cérémonie toute religieuse, intervenaient nécessairement au nom du peuple romain ceux qui étaient les dépositaires de sa religion, ceux qui seuls d'ailleurs en connaissaient les mystères, les formules et les signes symboliques (1).

Comme nous l'avons déjà vu plus haut, il est probable qu'à l'origine, sous les rois, époque à laquelle le peuple romain n'avait pas encore pris une grande extension, et où ceux qui exerçaient leurs fonctions à Rome pouvaient facilement les exercer sur tout le territoire qui en dépendait, ce furent les rois qui figurèrent en personne dans les traités et y prêtèrent le serment d'exécration en qualité de pontifes suprêmes. Mais cette qualité ne tarda pas à devenir purement honorifique chez les rois, qui

---

(1) Egger, *Études historiques sur les traités publics chez les Grecs et chez les Romains depuis les temps anciens jusqu'aux premiers siècles de l'ère chrétienne*, 1866, p. 12.

déléguèrent alors leurs pouvoirs au collège des Féciaux. Ce sont désormais ceux-ci qui remplissent vis-à-vis des étrangers les formalités relatives à la consécration des traités, prononcent la formule sacrée du serment d'exécration, et même sont chargés des extraditions.

A partir de l'abolition de la royauté, la dignité de grand pontife dont les rois étaient revêtus, est d'ailleurs devenue une dignité particulière déférée depuis lors par les tribus et confirmée par une loi curiate. Au lieu d'être une magistrature annuelle comme toutes les autres, elle reste cependant, comme antérieurement, une fonction à vie.

Voyons donc ce qu'étaient les Féciaux, et quelles en étaient les attributions.

Les historiens romains rapportent les uns à Numa, les autres à Tullus Hostilius ou à Ancus Martius l'institution du collège des Féciaux. D'après Ortolan (1) c'était une institution répandue chez les divers peuples italiques, et que les Romains n'ont fait en cela que suivre la coutume générale. Il dit que l'histoire en atteste l'existence chez les Albains, les Samnites, les Arcéens, les Falisques d'Etrurie et les Equicoles, et cite à l'appui de son allégation Tite-Live (2), Denys d'Halicarnasse (3) et Servius (4).

Presque tous les auteurs d'ailleurs paraissent d'ac-

---

(1) *Histoire de la législation romaine*, page 151.
(2) Liv. I, §§ 24 et 32 ; liv. 28, § 30.
(3) Liv. II, § 73.
(4) *Ad Œneid*, liv. X, vers 14.

cord pour faire remonter aux premiers rois de Rome l'origine des féciaux. Nous croyons qu'à l'origine, les féciaux furent complètement soumis aux rois de Rome leurs supérieurs hiérarchiques tant au point de vue religieux qu'au point de vue civil. Souvent, dans les déclarations de guerre, comme dans la conclusion de traités de paix, ils ne formaient en quelque sorte que la suite du roi. S'ils agissaient personnellement, ce n'était qu'en vertu de son ordre.

Sous la république le collège des féciaux prend de l'importance. Seuls ils peuvent remplir les formalités nécessaires à la déclaration de guerre ou à la convention de paix ou d'alliance. Sans eux, pas de *justum bellum* ni de *fœdus*. Cela les amène fatalement à prendre une certaine importance comme médiateurs entre les différents partis, lorsqu'un accord semble difficile sur une déclaration de guerre ou une convention quelconque à passer avec un Etat ou avec un roi. Cicéron (1), dans son traité *De legibus,* indique en quelques mots les attributions de ces prêtres : *Fœderum, pacis, belli, induciarum oratores, fetiales judices duo muto ; bella amptanto.*

Dans la conclusion des traités, les féciaux étaient souvent plusieurs : le *pater patratus* était leur chef. C'est lui ou le fécial chargé de le représenter qui, après lecture des termes de la convention, prononçait les formules sacramentelles consacrées par l'usage et contenue dans les livres confiés à sa garde. C'est lui qui prononçait contre

(1) *De legibus,* liv. II, § 9.

le peuple romain s'il venait à violer le traité la formule
d'imprécation que Tite-Live a pris soin de nous trans-
mettre : *Tu illo die, Jupiter, populum romanum in ferito,
ut ego hunc porum hic hodie feriam* (1).

Aussitôt après, assisté des autres féciaux, il procédait
à l'immolation d'un porc.

..... *Et cæsa jungebat fædera porca,*
nous dit Virgile dans son *Enéide* (2).

C'est en vertu de cela sans doute que le porc avait pris
rang parmi les enseignes militaires des Romains : *Porci
effigies*, nous dit Festus, *inter militaria signa quintum
locum obtinebat, quia confecto bello, inter quos pax fiebat,
ea cæsa porca fædere firmari solet..*

Les féciaux étaient avant tout des organes exécutifs,
remplissant les formalités et prononçant les paroles solennelles exigées par la religion et le droit romain. Aussi
voyons-nous toujours des féciaux accompagnant les
ambassadeurs et les généraux commandant en pays ennemi. Ils n'avaient aucune fonction délibérative, aucune
initiative. S'ils avaient quelque influence sur les décisions à prendre, cela était dû au prestige de la religion
qui alla d'ailleurs toujours décroissant, et aussi à ce que
les plus hauts personnages romains ne dédaignaient pas
de faire partie du collège des féciaux. En raison de la
valeur de ses membres, souvent le sacré collège était
consulté sur des questions de politique intérieure et sur-

(1) Liv. I, p. 24.
(2) Chant VIII, vers 641.

tout de politique extérieure : mais il ne pouvait donner son avis que lorsqu'il en était requis, et ne pouvait jamais prendre de résolutions définitives.

Le *jus fetiale* ne fut pas autre chose que l'ensemble des règles de droit relatives aux relations extérieures, des rites, des formules à employer dans tout ce qui y avait rapport. On jugeait à propos de tenir secrètes toutes ces vieilles formules dont la publicité aurait créé une foule de conflits et aurait desservi les Romains dans leurs relations internationales aussi bien que les nobles vis-à-vis des plébéiens. Le sacré collège seul en avait le secret, dont la divulgation était considérée comme un crime entraînant les peines les plus sévères. C'est même là, dit-on, le motif qui empêcha d'incorporer le *jus fetiale* dans la législation des XII Tables.

On ignore pendant combien de temps se maintinrent les formules du droit sacré dans les relations extérieures, et l'institution des féciaux : mais on en constate encore l'existence sous le règne de l'empereur Claude (1). L'empereur Auguste était fécial et aimait à s'en flatter, comme nous pouvons nous en convaincre par la lecture de Dion Cassius (2) et de Tacite (3) ; et dans les inscriptions, on trouve jusqu'au IIIᵉ siècle après J.-C. des hommes de haut rang remplissant les fonctions de féciaux (4).

---

(1) Suétone, *Claudius*, ch. 25. — Franz Holtzendorf et Alphonse Rivier, *Introduction au droit des gens,* 1889, p. 238.
(2) Dion Cassius, c. 4, 4.
(3) Tacite, *Annales*, III, 64.
(4) Mudig, 1, c. II, 672.

On peut cependant affirmer qu'en raison de l'affaiblisse-
ment progressif de la religion à Rome, toutes les fonctions qui avaient un caractère religieux perdirent aussi
progressivement de leur importance, et que quand la
volonté du prince put tenir lieu de loi, les mandataires
de l'empereur tinrent aisément lieu de féciaux.

Une convention d'alliance, d'amitié ou d'hospitalité
se trouvait-elle consentie à un peuple ou à un roi, qu'immédiatement on inscrivait le nom du nouvel ami ou du
nouvel allié sur la liste officielle des amis ou des alliés
du peuple romain (*formula amicorum, formula sociorum
populi Romani*, το των φιλων, το των συμμαχων διαταγμα). Cette
inscription, d'après Mommsen, avait sans doute lieu par
les soins du préteur urbain, chargé de la surveillance
des archives. La liste des amis du peuple romain conte-
nait même les noms des simples particuliers, non revêtus du titre royal, auxquels Rome, par une faveur particulière, avait accordé le titre d'amis. Appien d'Alexan-
drie rapporte que l'acte du traité consenti par Rome à
Antiochus après la bataille de Magnésie fut gravé sur une
plaque de cuivre et exposé dans le Capitole, comme
c'était la coutume. C'est donc que l'on ne se contentait
pas de cette simple inscription. On voulait du traité un
acte écrit qui ne permit pas d'en oublier les termes
exacts. Cette coutume cependant dut se perdre insensi-
blement au fur et à mesure que l'on attacha moins d'importance à ces traités.

Lorsque Rome consentait un traité, cela n'avait pas

lieu sans l'échange d'un grand nombre de présents entre elle et son nouvel allié. C'était d'ailleurs un usage ancien chez les Romains, et vraisemblablement chez tous les peuples de l'antiquité. Il semble que c'était là le premier gage d'amitié que l'on se donnait.

Les présents que Rome offrait à ses nouveaux alliés variaient en raison de la situation qui leur était faite par les traités, et des services que l'on en attendait (1). Quelques objets sans doute se rencontraient partout les mêmes ; mais ceux auxquels Rome attachait le plus d'importance, consistant généralement dans les insignes des magistrats romains, étaient susceptibles d'autant de diversités qu'il y avait d'échelons dans la hiérarchie romaine. Tite-Live (2) et Cicéron (3), distinguant entre le *rex* et le *regulus*, nous disent que le premier recevait le vêtement de pourpre, tandis que le second ne recevait que la *prætexta*.

Viennent ensuite tous les autres présents en honneur chez les Romains ; la chaise curule, le sceptre d'ivoire, la toge de pourpre, ou même parfois brodée, pour les rois auxquels on voulait faire le plus d'honneur, et la couronne d'or. Souvent il arrivait à Rome de donner aux rois alliés tous les vêtements et équipements, dont les magistrats romains avaient coutume de se servir en temps de paix ou en temps de guerre, des armes, des

---

(1) Bohn, *Dissertatio inauguralis historica*, p. 19.
(2) Tite-Live, 27, 4.
(3) Cicéron, *Ad. Quintum fratrem*, 2, 10.

chevaux ornés de phalères. Rarement des rapports d'amitié avaient lieu sans échange de sous d'or et d'argent.

Il serait difficile de classer les différents présents que Rome avait coutume d'offrir à ses nouveaux alliés. Les historiens (1) nous donnent bien quelques exemples, mais ils s'attardent peu sur ce sujet d'ordre secondaire.

Quant à l'importance pécuniaire des présents donnés ou reçus par Rome, il est probable qu'elle fut en raison de l'intérêt que chacun trouvait dans les liens de l'alliance ou de l'amitié. Rome savait faire des sacrifices pour obtenir une alliance qui lui était nécessaire ou seulement profitable, et souvent même, lorsqu'elle voulait reconnaître les services que lui avait rendus un allié, elle lui renouvelait les présents déjà offerts par elle lors de la confection du traité. C'est ainsi qu'elle les donna au moins trois fois à Massinissa, nous dit Tite-Live (2). Quant aux rois étrangers, dès qu'ils se voyaient contraints de traiter avec Rome, ils consentaient à tous les sacrifices pour sauver leurs trônes et même parfois leurs personnes, et Montesquieu (3) nous dit qu'auprès des présents offerts par eux, les présents de Rome n'étaient que des bagatelles comme une chaise et un bâton d'ivoire, ou quelque robe de magistrature. Ils se ruinaient, dit-il, pour

(1) Denys d'Halicarnasse, 5, 35. — Tite-Live, 27, 4 ; 30, 15 ; 31, 11 ; 42, 14. — Diodore de Sicile, 29, 34 ; 31, 28 ; 3, 61. — Tacite, *Annales*, lib. 4, 26. — César, B. G. 1, 13.

(2) Tite-Live, 30, 15, 17 ; 31, 11.

(3) Edition Ravenel, 1834, *Œuvres complètes de Montesquieu*, considérations sur les causes de la grandeur des Romains et de leur décadence, p. 139. — En ce sens de Beaufort, *La République romaine* (1766), tome II, p. 301.

conserver la faveur, ou l'obtenir plus grande, et la moitié de l'argent qui fut envoyé pour ce sujet aux Romains
aurait suffi pour les vaincre. A l'époque de la décadence
cependant, nous dit le même auteur, Rome affaiblie et
impuissante achetait elle-même la faveur de ses alliés.

C'est à l'époque de la formation des rapports d'amitié ou d'alliance qu'avait lieu la remise des présents. Les
rois envoyaient les leurs par les ambassadeurs mêmes
qui avaient mission de discuter devant le sénat les conditions du traité. C'est généralement après la confection
de ce traité que Rome envoyait comme gage ses présents aux rois et aux peuples alliés, par des ambassadeurs spéciaux qui étaient souvent chargés d'obtenir du
roi lui-même la ratification du traité passé par ses ambassadeurs.

Personne n'ignore que les rois anciens aimaient à se
parer la tête d'un diadème que le latin avait qualifié
insigne regnum. Les rois vaincus à la guerre devaient,
en même temps qu'ils faisaient leur soumission, dépo-
ser leur diadème. La remise de celui-ci entre les mains
du vainqueur était regardée comme le signe extérieur
de cette soumission.

Rome, évidemment, se gardait d'exiger la remise du
diadème des rois avec lesquels elle entrait dans des rapports d'amitié ou d'alliance sans qu'il y eût eu guerre
antérieure. La plupart du temps, elle remettait cet insigne royal aux rois qui lui en faisaient la demande après
avoir été vaincus. Cela impliquait pour celui qui en était

l'objet la conservation du titre de roi, mais n'impliquait nullement la conservation du royaume. Cicéron (1) nous apprend que lorsque Tigrane, vaincu et renonçant à sa qualité de roi, eût enlevé de sa tête le diadème qui s'y trouvait, Pompée le lui remit aussitôt. Certainement Pompée ne voulait pas par là le replacer dans sa condition antérieure.

Sous l'empire, les empereurs aimaient à remettre eux-mêmes le diadème aux rois. Il existe des pièces de monnaie de Thrace où l'on voit l'empereur Caligula assis sur une chaise curule offrant à un jeune homme qui se tient debout devant lui un diadème sur lequel il est écrit : « Βασιλεὺς Ῥοιμηταλκας Κοτυος ». Il existe encore des pièces de Trajan sur lesquelles on voit l'empereur remettre des diadèmes à des hommes qui se tiennent debout devant lui. Cet usage fut néanmoins plus ou moins régulièrement observé, en raison du caractère de chaque empereur. Tacite (2) écrit que Tiridate, que son frère Vologèse avait créé roi d'Arménie, déposa son diadème dans le camp de Corbulon et reçut l'ordre de le reprendre à Rome entre les mains de l'empereur : *Nero, curuli residens apud Rostra triumphantis habitu inter signa militaria atque vexilla precanti tiara deducta diadema imposuit* (3).

Mais de même que la remise du diadème n'impliquait

<hr>

(1) Cicéron, *pr. Sest.*, 27, 58.
(2) Tacite, *Annales*, liv. XV, 12.
(3) Conf. Suétone, *Nero*, 13. — Diodore, 63, 5.

pas nécessairement le maintien en possession d'un
royaume, de même certains rois obtinrent l'autorisa-
tion de régner, sans cependant obtenir la remise du diadème. Cette dernière cependant étant par elle-même une
distinction honorifique plaçait ceux qui en étaient l'objet
dans une condition quelque peu supérieure à celle des
autres (1). Mais il faut se garder d'y attacher trop d'importance et d'en faire le critérium de la puissance des
rois. Tout était question de fait, et l'intérêt de Rome
était partout la règle suprême.

(1) Oscarus Bohn, *Dissertatio inauguralis historica* : *qua conditione juris
reges socii populi romani fuerint,* p. 17.

CHAPITRE II

En droit pur, sinon en fait, les Romains distinguaient
deux sortes de traités, en raison des avantages stipulés.
Les premiers en date, tout aussi bien que d'après l'ordre
naturel des choses, furent les traités à égalité de droits,
les *fœdera æqua*. Les seconds furent ceux qui, donnant
aux Romains des droits supérieurs à ceux de leurs alliés,
consacraient une inégalité. On les appela *fœdera iniqua*
ou *fœdera non æqua*.

L'inégalité de droits dans les conventions internationales ne fit que s'accroître en même temps que la puissance de Rome. Les traités où elle se montre le moins
exigeante et même où elle fait les conventions les plus
favorables aux nouveaux alliés ne sont bientôt plus pour
ceux-ci qu'un premier pas vers la servitude. Il n'y eut
donc pour ainsi dire jamais d'*æqua fœdera* dans l'histoire
de Rome depuis sa sortie de la confédération latine,
sauf quelques cas assez rares et assez anciens, où l'on
crut opportun d'en agir autrement.

Parmi les traités anciens, on n'en trouve guère qu'un
qui ait été défavorable aux Romains : c'est le pacte de

paix conclu en 507 avant Jésus-Christ avec Porsenna, roi d'Etrurie, après l'expulsion des Tarquins, et encore Porsenna ne tira-t-il pas de grands avantages de sa victoire, et traita-t-il avec les Romains presque sur le pied d'égalité (1).

Ptolémée Philadelphe, roi d'Égypte, et Hiéron II, roi de Syracuse, furent presque les seuls rois auxquels Rome voulut bien consentir des *fœdera æqua*. Le premier dut cela à ce que son royaume se trouvait très éloigné de Rome, et le second, à ce que son alliance était très avantageuse pour Rome qui se trouvait alors dans le fort de la première guerre punique.

Sans doute, Rome conclut encore dans la suite quelques traités qu'elle appela *fœdera æqua*; mais ils n'en avaient plus que le nom; l'égalité existait en droit; mais en fait, il y avait dépendance; les alliés qualifiés d'égaux remplissaient alors les mêmes obligations que les alliés inégaux.

On avait d'ailleurs stipulé d'Hiéron, dans le traité primitif, le paiement d'un tribut dont il ne fut déchargé qu'après d'importants services rendus par lui à son alliée pendant la première guerre punique. Ce fut en quelque sorte une récompense de sa fidélité. Et Polybe (2), tout en louant la prudence du roi grec, dit que c'est en faisant toujours la volonté de ses alliés, qu'il se maintint heureux et tranquille sur son trône jusqu'à sa mort.

---

(1) Barbeyrac, *Histoire des anciens traités*, 1re partie, p. 79, article 100.
(2) Polybe, I, 16, 10.

A partir de la seconde guerre punique, l'hégémonie de Rome s'accentue de plus en plus dans tous les traités qu'elle consent. Il semble même qu'elle se montra toujours plus exigeante lorsqu'elle traitait avec un roi considéré individuellement, que lorsqu'elle traitait avec un Etat pris comme personne morale.

S'agit-il d'un roi, elle le reconnaissait comme roi, le prenant, en quelque sorte, sous sa protection à l'égard de son propre peuple. Ce roi devait dès lors montrer vis-à-vis de son alliée plus de respect, plus d'égards, et l'on pourrait même dire plus de soumission.

Les rois qui traitaient avec Rome le faisaient parfois dans des circonstances bien diverses, et pour des motifs bien différents. Il devait donc s'ensuivre une grande diversité dans les conditions que stipulaient les traités. Bien plus, il n'était pas rare qu'un même roi, après le traité qui lui avait été consenti, vit sa condition varier avec le plus ou moins de dévouement dont on avait besoin de sa part. Rome, d'ailleurs, savait apprécier la fidélité, et récompenser les services rendus.

Mais il est des règles communes que l'on rencontre partout les mêmes, dans tous les traités consentis par Rome, soit à des Etats, soit à des rois ; et il est même parmi ces derniers traités tout un ensemble de règles qui leur sont spéciales, et qui s'y rencontrent toujours identiques.

Après la grande distinction que nous avons signalée plus haut, entre les *fœdera æqua* et les *fœdera non æqua*, nous remarquons de suite parmi les traités consentis par Rome, soit aux peuples, soit aux rois, cette subdivision importante des traités d'amitié d'une part, et des traités d'alliance de l'autre (1).

Nous ne parlerons pas spécialement des traités de paix, car il n'est pas à notre connaissance que Rome eût jamais fait un traité de paix sans y stipuler amitié ou alliance. Sans doute la paix pouvait paraître la clause principale du traité, mais elle n'eût pas été consentie sans l'amitié ou l'alliance.

Les traités d'amitié, beaucoup moins importants que les traités d'alliance, feront d'abord l'objet de notre étude.

La convention d'amitié entraîne forcément l'établissement d'un état de paix durable entre les contractants, et la reconnaissance réciproque de la liberté et des propriétés de chacun d'eux (2). Si l'un se trouve engagé dans une guerre, l'autre n'est tenu que des obligations des neutres. Il ne doit aucun secours, aucun subside à son ami ; il ne doit même pas le passage des troupes ; mais il y a obligation pour lui de refuser tout cela à l'autre combattant. Si quelques prisonniers de guerre, après s'être échappés, parviennent sur le territoire de celui qui est uni par l'amitié, celui-ci doit remettre en liberté ceux qui ont été faits prisonniers sur son ami : quant aux

---

(1) Laurent, *Histoire du droit des gens*, tome III, p. 198.
(2) Laurent, *Histoire du droit des gens et des relations internationales*, 1850, tome III, Rome, p. 191.

autres, il les traite suivant sa propre loi. Rome, loin de
leur rendre la liberté, les vendait comme esclaves (1).

La convention d'amitié comporte l'échange d'ambassadeurs entre les parties contractantes et les hôtes publics ont droit à des égards spéciaux. Rome reconnaît
ces règles tout aussi bien pour les ambassadeurs d'un
roi ou même d'un simple particulier auquel elle a concédé le titre d'ami du peuple romain, que pour les
ambassadeurs d'un État ami. A tous elle accorde le logement (*locus*), avec un aménagement et un approvisionnement convenables (*lautia*). Elle leur accorde même
des frais de séjour dont le montant est fixé une fois pour
toutes dans le texte du traité, eu égard au rang des parties. La *formula amicorum* en fait même mention. C'est là
le *munus ex formula* (ξενια κατα το διαταγμα). Dans toutes les
fêtes publiques, ils ont droit à une place d'honneur. Ils .
ont droit de sacrifier au Capitole. Ils sont soignés aux
frais de l'État en cas de maladie, et s'ils viennent à mou-
rir on leur fait des funérailles publiques (2).

Les écrits des historiens paraissent indiquer qu'il n'y
avait pas dans l'antiquité de légations établies en perma-
nence en pays étranger, mais simplement des ambassades extraordinaires chargées de missions spéciales.

Le titre d'ami que Rome concédait à un roi n'entraî-
nait pas pour les sujets de celui-ci l'établissement de re-

(1) Mommsen et Marquardt, trad. par M. Girard, tome VI, 2ᵉ partie, p. 212-
214.
(2) Mommsen et Marquardt, trad. Girard, *Manuel des antiquités romaines*,
tome VI, 2ᵉ part., p. 214-215.

lations commerciales avec les Romains. La réglementation des relations commerciales ou civiles entre les membres de deux Etats ne pouvait avoir lieu que par traité, et suivant M. Mommsen (1) ceux-ci tendaient fréquemment plutôt à l'exclusion qu'à la concession de la communauté de droit privé. Il ajoute (2) que les restrictions apportées aux relations avec les États étrangers qui n'étaient pas légalement dans la dépendance de Rome, se sont, avec le temps, toujours renforcées davantage. Même sous l'empire, on ne pouvait pénétrer sur le territoire étranger que dans des conditions déterminées, et sous le contrôle de l'autorité (3). C'est ainsi que nous voyons l'empereur Théodose II défendre aux marchands romains, en invoquant des constitutions antérieures (4), de faire des opérations de commerce dans le royaume des Perses, ailleurs que dans les villes de Niribis, Kallinikos et Artaxata. Les marchands perses étaient soumis à des restrictions analogues dans l'empire romain (5).

Les ambassadeurs des pays étrangers sont néanmoins affranchis de toutes ces restrictions à la liberté, ainsi que les otages et les prisonniers de guerre (6).

Telle est en elle-même, si nous l'envisageons dans son essence, la convention d'amitié. Elle concorde

(1) *Ibid.*, p. 217.
(2) *Ibid.*, p. 218.
(3) Tacite, *Hist.*, 4, 64. — Dion, 71, II ; 71, 19 ; 72, 2.
(4) Code Just., **4**, 63, 6.
(5) Code Just., **4**, 63, 4 ; 4, 40, 2.
(6) Code Just., 4, 41, 2, pr. — 63, 4, 3.

mieux avec l'idée d'égalité entre les parties contractantes qu'avec celle de supériorité de droits chez l'une d'elles. Mais il peut s'y adjoindre, selon les circonstances, différentes clauses plus ou moins restrictives de l'autonomie de l'une, au profit de l'autre.

A l'époque de la toute-puissance de Rome, lorsque ses armées étaient partout victorieuses, et que les peuples et les rois recherchaient avec le plus grand empressement son alliance et son amitié, l'égalité parfaite n'existait évidemment pas entre elle et ceux à qui elle voulait bien consentir le titre d'ami. Si les traités ne stipulaient guère que les clauses déjà indiquées plus haut, avec une apparence d'égalité de droits, en fait les différents peuples ou rois amis avaient un tel intérêt à ménager la faveur de Rome, qu'allant au-devant des désirs de celle-ci, ils remplissaient généralement, sans y être obligés, les différentes obligations auxquelles étaient tenus les alliés (1). Bien souvent ils combattaient pour elle, et lui fournissaient toutes sortes de secours et de subsides. Rome, confiante dans ses propres forces, tout en n'accordant que le titre d'ami, stipulait fréquemment quelques clauses exclusivement en sa faveur ; bien souvent, sans qu'aucune clause du traité l'y autorisât, elle n'hésita pas à demander, certaine de l'obtenir, ce à quoi elle n'avait réellement pas droit.

Polybe (2) dit que pendant des siècles les Rhodiens

---

(1) Egger, 1866, p. 170.
(2) Polybe, XXX, 5, 6-8. — Cf. Liv. XLV, 5.

restèrent avec le peuple romain dans des rapports d'a-
mitié, sans vouloir conclure une alliance formelle. Et
pourtant, dit-il, ils remplissaient tous les devoirs d'un
allié. Il en donne pour raison la prudence de la cité grec-
que qui, sachant qu'il était de son intérêt de se ménager
les faveurs de sa puissante voisine, ne voulait cependant
pas se priver entièrement d'agir suivant ses propres intérêts en contractant des engagements plus étroits avec
Rome. Il fallut pourtant y arriver plus tard, mais ce fut
pour les Rhodiens, comme ils l'avaient pressenti, la perte
de leur indépendance.

Quant à l'administration intérieure des pays amis, ou
des États des rois ses amis, Rome évidemment ne s'en
occupait pas. Elle restait absolument libre, avec cette
restriction évidente cependant, que cela ne devrait en
rien nuire aux intérêts romains. Déjà dans les provinces sujettes, Rome laissait volontiers subsister l'administration et la législation locales.

Les conventions de droit international, surtout celles
dont la durée n'est pas exactement déterminée, sont,
de nature et de fait surtout, essentiellement révocables.
Comme dans les sociétés de droit civil, il s'agit ici de
conventions faites en raison de la personnalité des parties contractantes, et surtout en raison des circonstances, et en droit international public, il n'y a pas d'autre
sanction des obligations que la rupture des relations
amicales, et la guerre, tout est en quelque sorte remis à
l'appréciation de chaque partie ; celle qui se sentira ou

même seulement se croira la plus forte n'hésitera pas à
secouer ses liens, le jour où elle s'en trouvera gênée ; et
il semble même que le lien d'amitié, beaucoup moins
étroit, beaucoup plus vague que celui de l'alliance, pouvait être rompu beaucoup plus facilement que celui-ci.

Bien certainement, lors de la conclusion d'un traité,
et surtout d'un traité d'amitié, précisément à cause des
liens peu étroits qui en résultaient, on stipulait qu'il y
aurait amitié ou alliance perpétuelle. Cela paraissait
donner plus de solennité aux engagements. Mais il est
évident que l'on sous-entendait toujours la condition
sic rebus stantibus. C'est ainsi que dans le traité consenti
par les Romains à Antiochus, en l'année 189 avant Jésus-
Christ, il est dit : « Il y aura amitié perpétuelle entre les
Romains et Antiochus, moyennant qu'il garde les conditions suivantes, dont on est convenu ensemble (1) ».

On conçoit facilement une alliance conclue pour un
temps ou pour une opération exactement déterminés,
mais on ne conçoit guère une telle limitation à raison
d'une convention d'amitié.

Lors même que Rome accorde à de simples particuliers le titre d'amis du peuple romain, cette concession
pourrait être considérée comme faite à titre exclusivement personnel, et comme devant nécessairement s'é-
teindre avec la vie de celui qui en est l'objet. Telle n'est
cependant pas la règle suivie. Toute la postérité du bé-

---

(1) Barbeyrac, *Histoire des anciens traités* (La Haye, 1739), 1ʳᵉ partie,
p. 368, article 415.

néficiaire, aussi bien que lui-même, a droit à l'amitié et à l'hospitalité du peuple romain, avec toutes les consé-quences qu'elles comportent. Rome toutefois dans ces sortes de concessions stipulait souvent d'une façon for-melle la faculté de les révoquer. C'est ainsi que dans le sénatus-consulte de 678 où le Sénat accorde l'amitié et l'hospitalité du peuple romain aux trois capitaines de navires de Carystos, Clazomènes et Milet, en récom-pense de services rendus pendant la guerre sociale, il est formellement stipulé que cette faveur transmissible aux descendants des bénéficiaires, pourra être révo-quée quand Rome le trouvera à propos.

Mais dans les traités d'amitié conclus avec des rois maintenus sur le trône, Rome avait surtout en vue la situation spéciale de ses co-contractants. C'est comme rois qu'ils traitaient, et non comme individus. Mais on avait nécessairement égard aussi à la personne, à son caractère, à ses goûts, à une foule de qualités, de défauts, de circonstances mêmes essentiellement personnelles. Tout cela donnait forcément aux conventions qui leur étaient consenties un caractère spécial.

Le traité d'amitié concédé à un roi n'implique nulle-ment la même faveur pour sa descendance, et la prise en considération de la personne du prince empêche for-cément que l'amitié du peuple romain passe de plein droit d'un roi à son successeur, qui peut d'ailleurs n'être nullement son descendant. Le nouveau roi, s'il veut être l'ami du peuple romain, en doit faire la demande au Sénat, libre de la lui accorder ou de la lui refuser. A la mort du roi ami, l'amitié du peuple romain a cessé, ou tout au moins se trouve provisoirement suspendue jusqu'à l'inscription du successeur sur la *formula amicorum*. Mais du côté de Rome, peu importe la mort de celui qui y exerce la magistrature supérieure. Qu'il soit roi, consul ou empereur, il n'est jamais que le représentant de la *civitas romana*, qui seule est toujours considérée comme partie contractante dans toutes les conventions conclues avec l'étranger. Du côté romain la dénonciation seule est donc considérée comme pouvant mettre fin aux traités existants.

Lorsque Rome d'ailleurs concède le titre d'ami, soit à un peuple, soit à un roi, soit à un simple particulier, sans doute cette amitié est toujours qualifiée de perpétuelle, mais elle n'en est pas moins essentiellement révocable. Si le lien n'a été formé que par une simple promesse, une simple rétractation suffit pour l'anéantir. Cette promesse a-t-elle été confirmée par un sénatus-consulte, ou même extraordinairement par une loi, une loi ou un sénatus-consulte en sens contraire suffisent pour en opérer la dénonciation. C'est un point qui ne paraît pas avoir jamais été contesté. Le serment d'exécration seul était capable d'engager la *civitas romana* d'une façon plus ferme. Tant que l'autre partie demeurait fidèle à ses engagements, Rome restait liée par son serment. Mais comme en droit international, faute d'autorité supérieure, chaque partie reste toujours libre d'apprécier si elle-même et son co-contractant ont respecté la parole donnée, les autorités romaines restaient par là, jusqu'à un certain point, libres de déclarer désormais rompue une convention qui même aurait été corroborée par le serment d'exécration. Nous ne connaissons d'ailleurs guère de convention d'amitié avec un roi, où le serment d'exécration soit intervenu. Depuis la paix avec Antiochus, dit Mommsen (1), on ne trouve plus d'exemple de l'emploi de cette formule. dans une convention d'amitié, qui n'établisse pas en même temps le rapport de sujétion.

De même que les traités d'amitié, les traités d'alliance paraissent impliquer que les contractants se placent sur un certain pied d'égalité. Mais dans le droit international public, aussi bien que dans le droit privé, s'il est vrai et équitable de proclamer l'égalité des individus au point de vue moral et juridique, on est bien forcé de reconnaître partout l'inégalité de fait, l'inégalité réelle entre chacun, sur une foule de points. Il est incontestable que de tout temps, lorsque des Etats ou des souverains ont passé ensemble des traités, presque toujours l'un des contractants se trouvait être plus puissant que l'autre. Le plus souvent d'ailleurs, surtout dans l'antiquité, les traités sont intervenus à la suite d'une guerre ; et le vaincu alors est bien forcé, s'il ne préfère continuer la lutte qui pourrait parfois lui être fatale, d'accepter les conditions que veut bien lui faire son vainqueur. Si

(1) *Ibid.*, tome VI, p. 212. — Tite-Live, 38, 39, 1.

les formes du traité respectent l'égalité juridique des
contractants ; si pour certaines conventions on stipule
la réciprocité, certaines clauses cependant sont toutes
à l'avantage de l'un, et au détriment de l'autre.

Comme nous l'avons vu plus haut, dès que Rome fut
. sortie de la confédération des peuples du Latium, elle
se trouva toujours tellement supérieure en puissance à
tous les rois auxquels elle consentit des traités d'alliance,
que l'égalité des droits stipulés était absolument illu-
soire. Sans doute, un contrat, et non la sujétion unissait
ces rois à leur alliée, mais en fait la liberté contractuelle
n'existait que du côté de celle-ci (1). Rome absorbait
tout. La convention d'alliance n'était la plupart du temps
qu'un acte qui constatait la soumission du roi allié.

Les rois avec qui Rome n'était pas en hostilité, recherchaient son alliance, afin de conserver l'état de paix.
Quant à ceux qui étaient vaincus à la suite d'une guerre,
heureux déjà d'avoir la vie sauve, c'était une grande faveur qu'on leur accordait, que de les laisser sur le trône.
Il leur fallait d'ailleurs avant tout se livrer à la discrétion des Romains. Rome alors, lorsqu'elle les épargnait
et les maintenait sur le trône, au lieu de les faire servir
au triomphe du vainqueur et de les jeter dans les pri-
sons ou sous la hache d'un licteur, les inscrivait de plein
droit sur la *formula sociorum*. En raison de leur *deditio*,
ils devaient accepter telle qu'elle leur était faite la con-

---

(1) Laurent, *Histoire du droit des gens*, tome III, p. 192-193. — Mommsen
et Marquardt, trad. Girard, p. 275-276, tome VI, 2e part.

dition qu'il plaisait à Rome de leur imposer. Celle-ci
stipulait alors à son gré les clauses du traité. Il était facile d'imposer les conditions que l'on voulait à un roi
que l'on avait entièrement à sa merci. On l'asservissait
en flattant son amour-propre avec le titre de roi allié,
titre qui ne tarda du reste pas à être très ambitionné
en raison de l'énorme puissance de Rome. Il valait en
somme encore mieux l'avoir pour tutrice que pour en-
nemie. En se montrant docile à ses conseils et, nous pouvons le dire, à ses ordres, les rois étaient d'ailleurs sûrs
de sa faveur et de sa protection tant au dedans qu'au
dehors de leurs royaumes.

Parfois sans doute Rome concluait des traités d'alliance avec des peuples, plus rarement avec des rois
avec qui elle n'était pas en guerre ; c'était alors pour
s'assurer des auxiliaires utiles dans les guerres où elle
se trouvait, ou qu'elle se proposait d'entreprendre. Parfois aussi elle traitait avec un ennemi sans l'avoir entièrement vaincu et réduit à l'impuissance lorsqu'elle se
trouvait en présence d'une guerre plus sérieuse, à laquelle elle désirait pouvoir se consacrer plus librement.
En pareil cas, elle n'imposait évidemment que des conditions assez acceptables afin de s'assurer des alliés dont
elle avait besoin. Plus tard, quand on serait débarrassé
du nouvel ennemi, il serait facile d'aggraver la condition faite aux alliés de la veille, ce que leur intérêt bien
entendu leur fera d'ailleurs souvent accepter.

Mais comme dans les traités d'amitié, nous rencon-

trons ici un ensemble de clauses qui se retrouvent partout. Si la condition de quelques rois alliés n'est pas la
même que celle de tous les autres, cela tient au plus ou
moins de déférence et de dévouement qu'ils ont montré
à l'égard de leur alliée. C'est du reste la plupart du temps
une question de fait : la situation de tous les rois alliés
est presque identique dans le premier traité d'alliance
qui leur est consenti. En récompense de leurs services,
parfois Rome améliorera leur situation en fait, rarement
dans de nouveaux traités.

Voyons donc tout d'abord les clauses les plus habi-
tuelles des traités d'alliance. Nous ne comprendrons que
mieux ensuite celles qui n'étaient stipulées qu'à titre
exceptionnel.

Les rois que Rome laissait sur le trône, et auxquels
elle accordait le titre d'alliés, conservaient la plupart des
attributs de la souveraineté. Nous avons vu plus haut
qu'elle leur en laissait volontiers les insignes. Ceux qui
étaient entrés dans son alliance sans avoir été en guerre
avec elle conservaient toujours le diadème, et nous avons
constaté plus haut que si elle exigeait des rois vaincus
par elle la déposition du diadème en signe de soumission, elle le leur replaçait la plupart du temps sur la
tête. L'envoi qu'elle leur faisait des insignes des plus
hautes magistratures romaines impliquait qu'elle les reconnaissait en quelque sorte comme les égaux de ses
propres chefs, tant qu'ils ne feraient rien de contraire
aux intérêts de la ville éternelle.

En cas de soumission volontaire, ils conservaient intact leur territoire que Rome augmentait même volontiers en récompense des services rendus. Si le nouvel allié avait été soumis à la suite d'une guerre, souvent on lui retranchait une certaine partie de son royaume, au profit de ceux qui avaient aidé à le vaincre.

Tous conservaient le gouvernement de leur pays d'après leurs anciennes lois qu'ils continuaient d'ailleurs à pouvoir modifier dans la même mesure qu'ils le pouvaient auparavant. César (1) écrit lui-même qu'il rendit à Comminus, roi des Atrébates, les *jura legesque* de sa tribu. Ils nommaient eux-mêmes leurs fonctionnaires et leurs magistrats. Il en était du reste ainsi pour les États que Rome réduisait à un degré plus ou moins grand de sujétion. Mais partout évidemment, il y avait cette clause formellement exprimée ou simplement sous-entendue, qu'il n'y aurait en tout cela rien de contraire aux intérêts de Rome. M. Egger nous dit « qu'en Sicile, notamment, où l'on avait trouvé des institutions d'ordre public aussi sages que respectées, le Sénat n'y changea que ce qui était nécessaire pour assurer le pouvoir de Rome » (2).

Mais l'alliance de Rome entraîne, pour les rois qui y rentrent, la perte de leur souveraineté dans les relations internationales. Les rois alliés ne pouvaient faire ni paix ni

(1) César, *B. Gall.*, 7, 76.
(2) Egger, *Études historiques sur les traités publics chez les Grecs et chez les Romains, depuis les temps les plus anciens, jusqu'aux premiers siècles de l'ère chrétienne* (1866), p. 160.

guerre, ni contracter personnellement des alliances, qu'autant que Rome y donnait son consentement. Mais déjà par le fait même de leur alliance avec la ville suprême, ils acquéraient de plein droit un grand nombre d'alliés et d'ennemis. Jamais Rome ne contractait un traité d'alliance sans stipuler que ses nouveaux alliés tiendrait pour amis et pour ennemis tous ceux qui le seraient du peuple romain : *Eosdem quos populus romanus hostes et amicos habento.*

Lors même que le roi allié se trouve attaqué, il ne lui est pas permis de se défendre, si ce n'est lorsqu'il y a péril urgent, et juste dans la mesure du nécessaire, sans en référer d'abord à Rome qui, si elle le juge opportun, prendra elle-même les armes contre l'agresseur. S'érigeant en arbitre suprême, elle appréciera les droits et les torts de chacun, et obligera les deux adversaires à se soumettre à sa décision.

Rome d'ailleurs, afin de pouvoir tirer parti des rois à qui elle consentait des traités d'alliance, leur laissait le droit d'avoir des troupes, et pour les souverains d'États maritimes, celui d'avoir des forces navales qui, dans certaines guerres, devaient lui être utiles. C'était du reste là le but de l'union militaire, principal résultat de l'alliance.

Mais pour conserver sa suprématie assurée sur chacun de ses alliés, dans la plupart de ses traités, elle fixait le contingent de troupes, de navires, d'éléphants, et de tout ce qui était utile à la guerre, que son nouvel

allié ne pourrait pas dépasser sans être considéré comme
séditieux. Ce chiffre était pour chaque allié, fixé dans le
texte du traité, et exposé au Capitole sur des tables de
cuivre.

Il était difficile à Rome d'en agir ainsi à l'égard de
rois qu'elle avait vaincus, et qui avaient été obligés de
s'en remettre à sa discrétion. Sans doute elle montra
plus de ménagements envers les rois dont elle recher-
cha elle-même l'alliance, et avec qui elle ne fut pas en
guerre : c'est ce qui se rencontre dans le traité d'alliance qu'elle fit avec le roi Hiéron II de Syracune, et
Ptolémée Philadelphe, roi d'Égypte. Il n'est pas probable qu'en pareil cas, les Romains aient jamais songé à
limiter les forces militaires d'alliés dont ils avaient
besoin.

Il va sans dire que les traités d'alliance emportent des
conséquences plus graves que celles des traités d'amitié : les rois alliés étaient à plus forte raison amis du
peuple romain, et tenus de toutes les obligations des rois
amis de Rome. Il devait y avoir entre eux paix durable
et reconnaissance des droits que Rome a laissés à chacun d'eux.

A tous les rois amis, ou alliés, ainsi qu'à tous ceux
qui sont sous leur dépendance, il est formellement
défendu par le traité qui leur est consenti, de laisser passer par leur pays aucun ennemi marchant contre le peuple romain ou ses alliés ou amis, ainsi que de lui rien
fournir qui pût être utile à la guerre. Les Romains d'ail-

leurs prenaient envers leurs alliés ou amis et tous ceux qui en dépendaient les mêmes engagements, et l'histoire prouve abondamment qu'elle sut toujours les observer (1).

Mais ce sont là devoirs de neutres, devoirs d'amis qui s'appliquent *à fortiori* aux rois alliés. Ceux-ci étaient en outre tenus à des obligations, à des secours, à des subsides auxquels n'étaient pas tenus les rois simplement amis. Comme nous l'avons déjà dit plus haut, quand Rome se sentit capable de tenir facilement tête à ses adversaires, et qu'elle vit les rois rechercher les titres d'amis et d'alliés à l'égal d'une grande faveur, elle ne décerna ces titres qu'avec une certaine parcimonie. Bien souvent, à des rois à qui elle imposait toutes les obligations d'un allié, elle ne concéda que le titre d'ami, afin de s'obliger elle-même moins étroitement.

Les rois auxquels Rome accordait son alliance n'étaient pas seulement tenus de ne rien faire de contraire aux intérêts des Romains ou de leurs alliés ou amis. Il fallait prêter aide et assistance dans tous les cas où ils en étaient requis (2).

Y avait-il guerre ? Le traité fixait le contingent de soldats, de vaisseaux, d'éléphants et tous les accessoires de la guerre, que chaque roi allié avait à fournir. Il conservait, lui ou son mandataire, le commandement de ses troupes, qui devaient se joindre à celles des Romains :

(1) Laurent, *Histoire du droit des gens*, tome III, Rome, p. 99-100.
(2) Mommsen et Marquardt, trad. Girard, tome VII, p. 383-384.

mais le général romain avait le commandement supérieur
de toute l'armée. Le roi allié ou celui qui le remplaçait
à la tête du contingent de troupes qui était venu accroître l'armée romaine lui devait obéissance.

Les Romains d'ailleurs faisaient rarement appel à tous
leurs alliés à la fois, mais seulement à ceux qui étaient
les plus proches du théâtre de la guerre. Ils profiteraient
de la victoire : il n'était que juste qu'ils prissent part à
la peine. Dans les guerres importantes seules, on mettait
les alliés plus largement à contribution, et pour ces cas
exceptionnels Rome s'était généralement réservé le droit
d'appel illimité. Au gouvernement romain seul il appartenait de décider dans chaque cas particulier à qui, et
dans quelle mesure on demanderait assistance. Il sta-
tuait selon ses besoins. C'est pour chaque cas particulier
le Sénat qui fixe à ses magistrats le contingent que l'on
pourra requérir de tel ou tel allié. Il semble même que
c'est au nom du Sénat qu'en est faite la demande. On
cherchait d'ailleurs toujours autant que possible à ce
que, dans toute armée, le nombre des alliés fût toujours
inférieur à celui des Romains, afin de mieux assurer la
soumission de chacun envers Rome. Tite-Live (1) nous
dit que de pareilles demandes furent adressées par le
Sénat au roi de Numidie, pour la guerre contre Philippe
en 554. Il dit encore (2) que dans les préparatifs de la
guerre contre Antiochus ; *extra Italiam permissum est, si*

---

(1) Tite-Live, 31, 11, 10. c. 19, 3, rapproché de 32, 27, 2.
(2) Tite-Live, 36, 1, 8.

res postulant, auxilia ab sociis ne supra quinque millium numerum acciperit. Salluste (1) nous dit aussi que dans les préparatifs de la guerre de Marius contre Jugurtha : *auxilia a populis et regibus sociisque arcessere... neque illi senatus... de nullo negotio abnuere audebat.*

Lorsqu'une armée romaine passait par le royaume d'un roi allié, ce qui lui était toujours permis, en vertu des traités, ce roi était obligé de fournir aux troupes et aux officiers des logements et des vivres en raison de la situation de chacun ; et il paraît que Rome ne se gêna pas pour leur demander, en cas de besoin, des contributions extraordinaires. Il est évident que dans ce cas, comme dans la plupart des autres, bien que ce fût le roi qui se trouvât personnellement obligé par le traité, c'était presque invariablement son peuple qui supportait les conséquences de ses engagements. Les rois alliés devaient, et dans une mesure encore beaucoup plus large, ces honneurs et ces prestations aux magistrats supérieurs de Rome, quel que fût leur titre, aux envoyés de ces magistrats et à leur suite, lorsqu'ils venaient à passer par le royaume.

Nous avons parlé plus haut des présents considérables que les rois envoyaient à Rome afin de s'en ménager les faveurs. Rome toutefois ne se contentait généralement pas de ces présents volontaires. Elle avait coutume d'imposer à tous les rois qu'elle avait vaincus le paiement d'une indemnité de guerre proportionnée aux ressources du

(1) Salluste, *Jug.*, 84.

vaincu, mais généralement lourde pour lui, puis le paiement d'un tribut annuel, aussi très élevé.

Sans doute les rois dont Rome elle-même recherchait l'alliance n'avaient pas à payer d'indemnité de guerre. Selon les circonstances, selon la puissance de ce roi, et le besoin plus ou moins urgent que l'on avait de son aide, il est probable qu'on n'exigeait qu'un tribut annuel assez léger, et que souvent même on n'en réclamait aucun. César lui-même (1) nous dit qu'il donna au roi des Atrébates, Commius, l'immunité du tribut, en même temps que ce pouvoir. Hiéron II, roi de Syracuse, n'était pourtant nullement en guerre avec Rome lorsqu'il contracta alliance avec elle, et Polybe écrit que ce n'est qu'après d'importants services rendus par lui à son alliée pendant la première guerre punique, qu'il fut déchargé du tribut qu'il devait lui payer annuellement. Appien (2) nous dit qu'Antoine imposa des tributs permanents aux princes institués par lui en Orient.

Ceci nous montre que même lorsque dans le traité primitif il y avait eu stipulation du paiement d'un tribut annuel, les Romains en déchargeaient assez volontiers les alliés, en récompense de services rendus.

En dehors du tribut annuel ordinaire, les alliés pouvaient encore être soumis au paiement d'un tribut extraordinaire quand Rome le trouvait opportun. Si cela n'était pas formellement exprimé dans le texte du traité,

(1) César, *B. Gall.*, 7, 16.
(2) Appien, *B.* c. 5, 75.

c'était du moins conforme aux usages des Romains, et comme ils étaient les plus forts, il fallait bien céder. Aussi trouve-t-on des exemples de généraux romains qui imposèrent à leur gré des tributs extraordinaires à des rois alliés, ou à des villes alliées. Appien (1) dit que Sylla trouvant le trésor épuisé exigea de grands tributs de ceux qui étaient habitués d'en payer, et que des rois et des peuples, qu'ils soient d'ailleurs amis ou alliés, qu'ils en aient ou non été déchargés en récompense de services rendus, durent s'y soumettre. Plus loin encore (2) il rapporte que Pompée exigea, pour le même motif, des sommes énormes des rois, dynastes et tétrarques de la Syrie et de l'Asie, de même que des peuples appelés libres de l'Achaïe, en raison de la forme républicaine de leur gouvernement. Scipion, beau-père de Pompée, en avait agi de même, ajoute-t-il en Syrie et en Asie, et avait levé cet argent avec beaucoup de rigueur (3).

Pour parvenir dans l'alliance romaine, et se maintenir dans les bonnes grâces de leur alliée, les rois devaient la plupart du temps commencer par acheter la faveur de quelque puissant de Rome, capable d'exercer une influence sur les décisions du Sénat. Suétone nous apprend que César, dans son consulat, vendit à prix d'argent le titre d'allié du peuple romain, et César, de son côté, écrit que Lentulus, lorsqu'éclata la guerre civile, comptait se

(1) *B. civile*, lib. I, p. 689.
(2) *De bello civile*, lib. III, ch. 3.
(3) Appien, *De bello civile*, lib. III, c. 32.

procurer de grosses sommes d'argent en se faisant payer
le titre de roi et d'allié par divers princes qui le recherchaient. Cicéron reproche à P. Clodius qu'étant tribun
du peuple, il avait vendu le titre de roi à Brogitare,
prince de quelque canton de Galatie (1). Catilina, haran-
guant ses complices, s'écrie « que la République était
dans la dépendance de quelques nobles, et que c'étaient
à eux seuls que les rois et les tétrarques payaient un tribut » (2). Ailleurs encore, Salluste fait dire au tribun
Memmius « que ce n'était que d'un petit nombre de nobles,
que les rois et les peuples libres étaient tributaires » (3).

Pour faire face à toutes ces dépenses ainsi qu'à toutes
celles que nécessitait l'administration de leurs royaumes,
les rois alliés conservaient le droit de percevoir librement
les impôts dans toute l'étendue de leurs royaumes. Les
tributs énormes qu'il leur fallait payer à Rome épuisaient
d'ailleurs leurs finances, et les obligeaient à pressurer
leurs peuples de telle sorte que ceux-ci ne tardaient pas
à aspirer après le moment où le pays serait transformé
en province romaine. En raison de l'énorme faveur et de
tous les privilèges dont jouissaient à Rome les grammai-
riens, les orateurs, les médecins et les philosophes, nous
ne serions pas éloignés de croire, bien que cependant
rien ne nous autorise à l'affirmer, qu'ils jouirent aussi
de certaines immunités relativement à l'impôt, même
chez les rois alliés.

(1) Cic., *Ad. Att.*, lib. XIV, ép. 12.
(2) Salluste, *Catilina*, ch. 20.
(3) Salluste, *Jug.*, ch. 34.

Il semble que les rois auxquels Rome consentait des traités conservaient aussi le droit de battre monnaie. Les pièces du royaume de Mauritanie qui nous sont parvenues, les grandes pièces d'argent à l'effigie de Brogitare, roi de Galatie, et les émissions d'or et d'argent d'Amyatas aussi roi de Galatie, l'attestent suffisamment.

Dans quelle limite cependant gardent-ils, après l'alliance, le droit d'émettre cette monnaie à leur effigie ? C'est une question assez obscure ; Rome toutefois s'est montrée beaucoup plus facile pour la concession de la frappe des monnaies d'airain et d'argent que pour celle des monnaies d'or (1).

A l'époque de la république, les rois alliés ont, il me semble, le droit intégral de frapper des monnaies d'argent et d'airain, mais non pas des monnaies d'or. Muller (2) atteste qu'il en fut ainsi jusqu'à Juba I, pour les rois de Numidie et de Mauritanie : il existe bien encore des pièces d'or à l'effigie de Mithridate Eupator, mais Mommsen affirme que leur émission remonte à l'époque où il faisait la guerre aux Romains. Il semble d'ailleurs que le texte du traité indiquait le genre des pièces que les rois alliés pourraient émettre, et le poids qu'elles pourraient avoir. Elles ne portaient alors aucun signe rappelant leur sujétion à l'égard de Rome.

A l'époque impériale, ici comme ailleurs, la volonté de l'empereur fait loi. En général cependant, l'empereur

---

(1) Mommsen et Marquardt, trad. Girard, tome VI, 2ᵉ partie, p. 344-348.
(2) *La numismatique de l'ancienne Afrique*, III, p. 7-42.

accordait facilement aux rois alliés le droit de battre monnaie à leur effigie. Le texte du traité indiquait les restrictions qui y étaient apportées. On s'accorde cependant assez généralement pour dire que les rois du Bosphore eurent seuls le droit de battre des monnaies d'or.

Jusqu'au triumvirat d'Antoine, d'Ortau et de Lépide, rien sur les pièces de monnaie frappées à l'effigie des rois alliés ne rappelle l'hégémonie romaine. Quelques-unes alors portent aussi l'effigie d'Antoine. Celui-ci ordonna que son effigie fût placée sur les pièces de monnaie d'Egypte, à côté de celle de Cléopâtre, mais vraisemblablement, ce ne fut pas l'intérêt de Rome qui lui fit prendre cette décision.

Au début de l'empire, peu de pièces de monnaie portent l'effigie de l'empereur, à côté de celle du roi qui les a émises. Mais de plus en plus, cet usage tend à se généraliser. Tantôt on voit sur les pièces de monnaie le nom de l'empereur et l'effigie du roi allié, tantôt l'effigie de l'empereur et le nom du roi allié, tantôt leurs deux effigies et leurs deux noms réunis. Tantôt on voit simplement le nom ou l'effigie du roi allié ou ces deux choses réunies. On cite même des pièces de monnaie émises par des rois alliés, qui ne portaient que l'effigie de l'empereur romain.

Tout cela d'ailleurs était question de fait. En ceci comme en toute autre chose, les rois alliés se trouvaient vis-à-vis de Rome dans un état de dépendance plus ou moins étroit. Les conditions qui leur étaient consenties dans les traités différaient plus ou moins pour chacun d'eux, et pour chacun aussi on veillait plus ou moins scrupuleusement, en raison de ce qu'il était, à l'observation des termes du traité. Les empereurs romains aussi, chacun en raison de son caractère, se montrèrent plus ou moins exigeants.

De même que les traités d'amitié, les traités d'alliance donnent à Rome et aux rois alliés le droit réciproque d'ambassade. Le refus de recevoir des ambassadeurs d'un allié est même considéré comme une rupture du traité. Comme nous l'avons déjà vu plus haut, il n'y avait pas alors de légations permanentes ainsi que de nos jours ; mais des ambassades chargées de missions spéciales, dont les fonctions cessaient, avec tous les privilèges y attachés, après l'achèvement du but poursuivi, ou après refus formel. Rome aimait même recevoir des ambassades des rois ses alliés ou ses amis. C'était une politesse et une déférence qu'on lui montrait. Aussi, comme nous pouvons le remarquer par la lecture de Tite-Live (1) et de Cicéron (2), l'usage ne tarda-t-il pas à s'établir sous la république, de consacrer à la réception des légations une des premières séances du Sénat, qui suivaient l'entrée en charge des consuls.

Les ambassadeurs des rois alliés ont en général, comme ceux des rois amis, droit au logement (*locus*) avec un aménagement et un approvisionnement convenables (*lautia*).

---

(1) Tite-Live, 41, 8, 5.
(2) Cicéron, *Verr.*, 1, 35, 90.

Rome leur accorde des frais de séjour, des places d'honneur dans les fêtes publiques, le droit de sacrifier au Capitole. S'ils sont malades, elle les fait soigner aux frais de l'État, et s'ils meurent, elle leur fait des funérailles publiques. Ainsi que les otages et les prisonniers de guerre, ils sont affranchis d'une foule de restrictions à la liberté du commerce, et de presque toutes celles qui peuvent résulter des termes du traité.

En 588, s'il faut en croire Mommsen (1), une loi défendit aux rois alliés de venir en personne à Rome, et même de pénétrer en Italie (2) ; par exception cependant, ils y furent encore parfois admis.

Ceci évidemment n'avait pas trait aux rois alliés que le Sénat appelait à comparaître devant lui pour y rendre compte d'une conduite jugée répréhensible, ou pour y entendre la décision sénatoriale sur un différend qui avait surgi entre eux. Comme Rome ne leur permettait pas de se faire justice à eux-mêmes, elle se réservait de trancher leurs différends.

Il est du reste probable que le droit d'ambassade fut pour les rois alliés plus ou moins large, plus ou moins restreint, en raison de l'état de dépendance dans lequel ils se trouvaient à l'égard de Rome. Celle-ci de son côté leur envoyait fréquemment des ambassadeurs qui étaient des inspecteurs, des surveillants pour les maintenir dans le devoir ou les y rappeler s'ils s'en écartaient.

(1) Mommsen, *Ibid.*, tome VII.
(2) Polybe, 30, 20.

Dans les traités que Rome consentait aux rois, nous l'avons déjà observé à propos des traités d'amitié, Rome, loin de stipuler des clauses favorisant le commerce entre ses nationaux et les sujets du roi avec lequel elle contractait, semble avoir plutôt multiplié les obstacles aux relations commerciales, et de droit, celles-ci ne pouvaient exister qu'en vertu de traités. Nous avons déjà cité l'exemple de Théodose II défendant aux Romains, en vertu de constitutions antérieures (1), de faire des opérations de commerce dans le royaume des Perses, si ce n'est dans les villes de Niribis, Kallinikos et Artaxata.

Il semble qu'aux yeux de Rome, il y avait gradation vers l'assimilation à elle-même dans l'amitié, l'alliance, et la conversion en province romaine. Cette gradation lente a habitué peu à peu les peuples à la domination directe de Rome, et leur a insufflé progressivement l'esprit romain. Pour nous, nous croyons que l'existence de rois à la tête des pays orientaux aida beaucoup en ceci la politique romaine.

Les traités d'alliance, comme les traités d'amitié que Rome consentait aux rois, étaient essentiellement personnels. Le traité d'alliance consenti à un roi cessait d'exister, en même temps que ce roi lui-même. Il lui avait été consenti en raison de son caractère, de ses qualités, de ses défauts, en raison de circonstances et d'intérêts momentanés. On pouvait très bien ne rencontrer rien de tout cela chez son successeur, qui d'ailleurs n'était pas

(1) Code Just., 4, 63, 6.

nécessairement son descendant. On était du reste heureux, en général, de trouver une occasion de se délier
d'engagements qui pour Rome même pouvaient être onéreux, mais surtout d'infliger au successeur du précédent
allié des conditions qui le rendraient plus dépendant.

Comme, en raison de l'énorme puissance de Rome,
les rois recherchaient avec empressement l'alliance romaine, le successeur d'un roi avec qui Rome était en
relations d'amitié ou d'alliance faisait tout son possible
pour obtenir à son tour un traité. Rome, habituellement,
se laissait prier assez longtemps avant d'accéder à ce
désir, convaincue que cette sorte de résistance ne ferait
qu'aviver le désir du nouveau roi. En fin de compte cependant, elle arrivait à traiter avec lui, mais la plupart
du temps, dans des conditions différentes. Souvent le
successeur d'un roi ami devenait allié, celui d'un roi
allié recevait souvent le même titre, mais se trouvait
plus étroitement tenu. Le royaume ne tardait pas ensuite
à être converti en province romaine et gouverné désormais par un citoyen romain portant titre de gouverneur,
proconsul ou propréteur.

Des auteurs prétendent qu'à l'époque de la royauté
romaine, les rois étrangers considéraient aussi les traités passés entre eux et le roi de Rome, comme devant
fatalement prendre fin avec la mort de l'un ou de l'autre
des deux contractants. Cette idée persista même après
l'expulsion des Tarquins. Tite-Live (1) nous dit que Per-

(1) Tite-Live, 40, 25, 10.

sée déclara aux ambassadeurs de Rome qu'il n'était lié
que par ses propres alliances, et non par celles de son
père : *fœdus cum patre ictum nihil ad se pertinere.* Cela
d'ailleurs nous paraît assez conforme aux tendances anciennes du droit des gens où l'on aimait à multiplier les
causes extinctives des traités. C'était l'application des
principes qui régissaient les sociétés en droit civil : *So-
cietas coiri potest vel in perpetuum, id est dum vivunt, vel
ad tempus* (1). Mais il est certain que Rome, qui s'est
toujours considérée, à toute époque de son histoire,
comme un être collectif, n'admit jamais pour elle-même
la personnalité des traités, et leur extinction par la mort
de celui qui les avait consentis en son nom, quel que fût
d'ailleurs son titre. Le roi, le consul, l'empereur n'était
que le représentant de la *civitas romana* seule en jeu dans
les relations internationales, et elle avait la prétention
d'être éternelle.

(1) Dig. Paul, 17, 2, 1.

CHAPITRE III

Ainsi que nous avons pu en juger par tout ce qui a déjà été dit dans les chapitres précédents, le but auquel tendait la politique de Rome était d'établir sa domination sur le plus grand nombre de peuples possible. Prudente, elle dissimulait volontiers son autorité pour ne pas froisser la susceptibilité de chacun. Souvent, elle préféra tourner les difficultés, plutôt que de les attaquer en face. Elle n'en atteignait que mieux le but cherché. Quand cependant elle jugeait utile de faire un exemple, elle se montrait si rigoureuse, qu'elle frappait d'épouvante ceux qui avaient conçu la pensée de se révolter contre elle.

Amie et alliée toujours reconnaissante des services rendus, elle savait provoquer le dévouement chez ses alliés et ses amis tout aussi bien que chez ses nationaux et chez ceux qu'elle avait réduits à l'état de sujets. Sévère pour la rébellion, à divers titres elle tenait d'une façon plus ou moins étroite sous sa dépendance les États et les rois qui entraient en relations avec elle.

D'abord plus conciliante avec les peuples et les rois qu'elle avait intérêt à ménager, elle leur consentit des conditions raisonnables, ne restreignant pas trop leur souveraineté. Plus tard, confiante dans ses propres forces, elle se montra plus exigeante et parla en souveraine sûre du reste d'obtenir satisfaction. Elle avait pour elle la force des armes, et dans le droit des gens, elle fait autorité.

Nous savons qu'elle traita presque sur un pied d'égalité avec Hiéron II, roi de Syracuse, et avec Ptolémée Philadelphe, roi d'Égypte.

Mais, après les victoires qu'elle remporta sur Philippe, roi de Macédoine, et sur Antiochus, roi de Syrie, toute idée d'égalité entre Rome et ceux à qui elle consent des traités a disparu. Sans doute, pour flatter l'amour propre des rois, on leur conserve en général ce titre, on les qualifie tantôt d'alliés, tantôt d'amis, mais ce n'est qu'une apparence vaine derrière laquelle se cache un asservissement presque absolu. Aucun n'ose plus résister aux armes romaines. Tous considèrent comme un honneur et un très grand avantage d'obtenir de Rome la concession d'un traité d'alliance ou d'amitié, à quelque sujétion que cela dût les réduire. Ils sont sûrs alors de n'avoir plus rien à souffrir que des Romains eux-mêmes, les alliés et les amis de Rome étant alors de plein droit les leurs. Quant à ceux qui sont restés en dehors de toute relation avec les Romains, ils sont trop heureux qu'on ne leur déclare pas la guerre, pour aller eux-mêmes au-devant.

Lorsque Rome se sent forte, elle ne prodigue pas le

titre d'ami et d'allié. Pour l'obtenir, il faut avant tout
le mériter par d'importants services. A Syphax, roi de
Numidie, qui le demandait après avoir été vaincu
dans sa révolte, le Sénat se contenta de répondre qu'il
devait s'estimer bien heureux qu'on lui accordât la
paix, mais que pour ce qui était de la qualité d'ami
et d'allié, le peuple romain ne l'accordait qu'à ceux
qui lui avaient rendu les services les plus signalés (1).
Lorsque Bocchus, roi de Mauritanie, après avoir reçu
Jugurtha dans ses États, le livra aux Romains, et demanda leur alliance pour prix de sa trahison, le Sénat
se contenta de répondre aux ambassadeurs envoyés à
cet effet, qu'il était heureux que Bocchus eût réparé sa
faute, mais que pour ce qui était de l'alliance, il fallait
qu'il la méritât par d'autres services (2). Nous pour-
rions, s'il était nécessaire, multiplier les exemples.

A partir de deux siècles environ avant notre ère, les
rois alliés et amis subissent déjà pesamment le joug des
Romains. Le Sénat leur dicte ses lois, contrôle leur conduite au moyen d'ambassadeurs qui parcourent d'un
bout à l'autre leurs royaumes en exigeant d'eux les plus
grandes marques de respect, et les fait comparaître devant lui pour juger leur conduite, lorsqu'il le juge à propos. A l'envi, ils envoient au Sénat des ambassadeurs
pour déclarer qu'ils sont prêts à se soumettre à tous
les ordres qu'il plaira au peuple romain de leur donner.

(1) Tite-Live, lib. XXXI, c. 11.
(2) Salluste, B. Jug., c. 112.

Cicéron, plaidant la cause de Déjotare, roi de Galatie, appelé à comparaître devant ce même Sénat pour y rendre compte de sa conduite, dit « que ce prince était fait depuis longtemps à la soumission qu'il devait aux ordres du Sénat » (1). Polybe rapporte que lorsque Prusias, roi de Bithynie, était averti de l'arrivée de quelque ambassadeur de Rome dans ses États, il avait coutume d'aller au-devant de lui, la tête rasée, avec le bonnet, le vêtement et la chaussure des affranchis, et le saluant, disait : « Vous voyez un de vos affranchis, prêt à faire tout ce qu'il vous plaira, et à se conformer à tout ce qui se pratique chez vous » (2). Il ajoute que ce même Prusias étant venu à Rome apporter ses félicitations au sujet de la victoire remportée sur Persée, roi de Macédoine, en entrant dans le Sénat, se prosterna pour adorer les sénateurs comme des dieux sauveurs. L'historien s'abstient, par pudeur, dit-il, de reproduire le discours de ce roi. Le Sénat, satisfait de cette basse flatterie, lui fit bon accueil et fit droit à ce qu'il demandait (3).

Dès qu'un prince devenait suspect, on accueillait favorablement toutes les plaintes portées contre lui par les représentants de Rome, par des étrangers, ou même par ses propres sujets. La décision du Sénat n'était pas douteuse. On le mettait aussitôt dans l'impossibilité de nuire.

Au fur et à mesure que nous avançons davantage dans l'histoire de Rome, nous la voyons de plus en

(1) Cic., *Pro Dejotaro*, c. 5.
(2) Polybe, *Exc. leg.*, XCVII.
(3) Tite-Live, lib. XLV, ult.

plus disposer de la façon la plus arbitraire des couronnes et des royaumes qu'elle tient désormais pleinement
sous sa dépendance. Le sort des rois alliés et amis passe
bientôt dans la main des hauts personnages de Rome
qui souvent se font payer bien cher leur protection,
comme nous l'avons vu dans le chapitre précédent. Presque tous les rois alliés avaient à Rome leurs patrons.
Massinissa s'était recommandé à Scipion Émilien, et Déjotare, roi de Galatie, à Caton. On dit même que le ver-
tueux Caton, contrairement aux usages suivis par les
grands de Rome, refusa de son nouveau client tout présent. Dion Cassius nous dit qu'à l'inverse, P. Clodius,
pour se venger du peu d'égards que Ptolémée, roi de
Chypre avait montré à son endroit, lorsqu'il était simple
particulier, profita de l'autorité que lui donna le tribu-
nat du peuple, pour le faire dépouiller de son royaume (1). Au commencement du règne de Caligula, nous
dit le même Dion Cassius (2), Vitellius, gouverneur de
Syrie, obligea Artaban, roi des Parthes, à passer l'Eu-
phrate, pour entrer en conférence avec lui, et le roi
des Parthes alla même jusqu'à adorer les images d'Auguste et de Caligula, qui se trouvaient parmi les enseignes romaines.

Si les rois Parthes, universellement reconnus comme
des plus puissants et des plus intraitables, en agirent de
la sorte, qu'en devait-il être des autres? Salluste nous les

(1) Dion Cassius, lib. XXXVIII, p. 86.
(2) Dion Cassius, lib. LIX, p. 768. — Suétone, In Vittell., c. 2.

montre toujours soumis comme des vassaux, qui ne possèdent leurs fiefs que sous la condition de l'hommage et de la fidélité. Le discours qu'il place dans la bouche d'Adherbal, roi de Numidie, l'indique clairement : *Micipsa, pater meus moriens, mihi præcepit uti regni Numidiæ tantummodo procurationem existimarem, ceterum jus et imperium penes vos esse* (1). Lorsque Tacite (2) veut parler des rois alliés de Rome, c'est par l'expression *Reges inservientes* qu'il les désigne.

Déjà à la fin de l'époque républicaine, les royaumes de Pergame, de Bithymie, de la Lybie cyrénaïque, de Chypre, d'Illyrie, et bien d'autres petits royaumes étaient entrés entièrement dans le domaine du peuple romain, et régis directement au moyen de gouverneurs de province. Quant à la Numidie, Dion Cassius nous dit que ce fut César qui, après avoir vaincu Juba qui en était le roi, la convertit en province romaine, dont il confia le gouvernement à Salluste (3).

Sous le triumvirat, les pays d'Orient étant échus en partage à Marc-Antoine, nous le voyons y disposer en maître absolu de tous les royaumes, déposant légèrement un roi pour mettre à sa place celui qui a su se faire accueillir favorablement. Il amoindrit d'abord la plupart des royaumes orientaux au profit de Cléopâtre, et plus tard, il les partage entre les trois enfants qu'il a eus d'elle, et Césarion qu'elle a d'abord eu de César.

(1) *Jug.*, c. 14.
(2) *Hist.*, lib. II, c. 81.
(3) Dion Cassius, lib. XLIII, p. 245.

Il fallut, pour annuler ces libéralités, qu'intervint la
victoire remportée par Auguste à Actium. Auguste se
montra d'ailleurs généreux envers la plupart des rois.
Au lieu de confisquer les royaumes de ceux qui, se trouvant dans le département d'Antoine avaient forcément
dû le secourir, il les maintint sur le trône. Bien mieux,
ayant fait épouser Cléopâtre Sélène, fille de Marc-Antoine
et de Cléopâtre, reine d'Égypte, à Juba, fils de ce Juba à
qui Jules César avait confisqué le royaume de Numidie
pour le convertir en province romaine, il donna à ce
prince, avec une partie des anciens États de son père,
le royaume de Mauritanie. Les rois, de leur côté, lui
donnèrent du reste les plus grandes marques de respect. Suétone (1) dit qu'ils venaient assidûment lui faire
leur cour et qu'ils ne paraissaient devant lui qu'avec
la toge, comme des clients, et sans aucune des marques
de la royauté. Eutrope (2) va même plus loin, et dit que
lorsqu'il sortait, ces princes l'accompagnaient en marchant à pied à côté de son cheval ou de son carrosse.

Tibère, moins bon et plus cupide, fut sévère à leur
endroit. Il les maintint dans le respect par la crainte qu'il
leur inspira, et Suétone (3) nous le montre confisquant
les biens de plusieurs d'entre eux, sans avoir d'autres
crimes à leur reprocher, dit-il, que d'avoir une grande
partie de leurs biens en argent comptant. Lorsque Ar-

(1) Suétone, *In Aug.*, c. 60.
(2) Eutrope, lib. VII, c. 10.
(3) Suét., *In Tib.*, c. 49.

chélaüs, roi de Cappadoce, affaibli par les ans, ne fut plus capable d'administrer lui-même son royaume, Auguste, au lieu de le détrôner, lui avait donné un régent pour gouverner ses États en son nom. Tibère le fit venir à Rome, où il le retint jusqu'à sa mort, et réduisit alors la Cappadoce en province romaine (1). Tacite ajoute qu'après avoir fait comparaître devant lui un certain Tigrane, roi d'Arménie, il le condamna à subir le dernier supplice (2).

Caligula, tour à tour bon et féroce, donna et enleva successivement leurs royaumes aux mêmes princes, sans règles ni mesure.

Les empereurs qui suivirent, les uns plus durs, les autres plus bienveillants pour les rois que désormais on put appeler sujets du peuple romain, réunirent plus ou moins largement, selon les circonstances, un certain nombre de petits royaumes à l'empire romain. Souvent aussi on les vit transférer des princes d'un royaume dans un autre.

Quant aux derniers rois alliés de Rome, non seulement on les voit cités à comparaître devant l'empereur romain pour s'y disculper des accusations portées contre eux ; mais parfois celui-ci les fait amener devant lui chargés de chaînes, comme cela arriva à Archélaüs, roi de Cappadoce et à Antiochus, roi de Comagène. On ne se

(1) Tacite, *Annales*, lib. II, c. 42. — Dion Cassius, lib. LVII, p. 704.
(2) *Annales*, lib. VI, c. 40.

gênait pas pour les condamner à l'exil ou même aux derniers supplices.

Les derniers royaumes dont s'occupent les historiens anciens, parce que les autres sans doute alors n'existaient plus, ou tout au moins ne comptaient plus, sont celui du Bosphore et celui de la Grande-Arménie, qui ne cessa d'avoir des rois qu'en 441 de notre ère, sous le règne de Théodose II.

Les peuples finirent d'ailleurs par faire bien volontiers abandon de leurs rois. Ce changement ne pouvait guère empirer leur position. Il se traduisit même immédiatement par un dégrèvement considérable des impôts (1).

(1) Lorsque Rome dictait universellement ses lois à tous ces fantômes de rois, elle ne leur conservait pas moins le titre d'*amici* et de *socii* qu'ils portaient auparavant. L'expression était passée dans la terminologie courante.

DROIT MODERNE

DES CONSÉQUENCES

DES

TRANSFORMATIONS TERRITORIALES

DES ÉTATS

SUR LES TRAITÉS ANTÉRIEURS

INTRODUCTION

Les États, personnes morales, peuvent en principe, de même que les particuliers, faire entre eux toutes les conventions que bon leur semble, avec cette même restriction de ne point porter atteinte aux droits d'autrui. C'est ainsi qu'à côté du droit naturel qui les oblige déjà à ne rien faire de contraire à la morale ni au progrès de la civilisation, ils créent un droit conventionnel plus étroit, que désormais ils sont obligés de respecter, à la façon dont les particuliers sont obligés de respecter les engagements par eux pris.

Mais de même que le droit privé ne reconnaît pas à

tous les particuliers la même capacité contractuelle, et leur attribue, selon les différentes conditions dans lesquelles ils peuvent se trouver, des obligations et des droits différents, de même le droit des gens doit tenir exactement compte des différentes transformations survenues dans les États, pour leur reconnaître non seulement des capacités différentes, mais encore des droits et des obligations qui peuvent varier à l'infini selon les circonstances.

Partant de l'État souverain que nous prendrons comme type, nous l'envisagerons, dans son unité, comme réunissant en lui tous les droits qu'il est possible d'attribuer à un État. Nous verrons tous les traités qu'il a pu contracter, jusqu'à quel point et jusqu'à quel moment il est tenu de les respecter.

Après avoir ainsi posé les bases de la plus entière capacité d'un État, nous verrons successivement, depuis sa naissance jusqu'à sa mort, les différentes conditions par lesquelles il peut passer.

C'est ainsi que nous examinerons :

Chapitre préliminaire. — États souverains.

Chapitre premier. — Section 1, formation d'un État nouveau ; section 2, accroissement du territoire d'un État ; section 3, démembrement d'un État ; section 4, extinction d'un État.

Chapitre II. — Section 1, formation de confédérations d'États ; section 2, formation d'États fédéraux.

Chapitre III. — Section 1, formation d'une union

personnelle ; section 2, formation d'une union réelle.

Chapitre IV. — Constitution d'États mi-souverains.

Chapitre V. — Déclaration de neutralité perpétuelle.

Telles sont, en effet, les conditions diverses par lesquelles peuvent passer les États. Dans chacune, nous verrons les différents droits et obligations qui en résultent pour ceux-ci, et notamment la capacité qui en résulte pour eux au point de vue des conventions internationales. C'est de cette capacité actuelle que nous partirons ensuite pour apprécier les conséquences que la transformation territoriale que nous examinerons aura exercées sur les traités antérieurs de l'État qui en sera l'objet. Rien d'étonnant par conséquent si nous semblons parfois nous attarder longuement sur la condition juridique faite à un État, dans les divers cas que nous passerons successivement en revue. C'est de là que nous tirons les solutions que nous proposons. C'est là-dessus que nous édifions notre argumentation : c'est donc un point qu'il nous paraît nécessaire de bien éclaircir tout d'abord.

Peut-on arriver à formuler une règle générale pour savoir jusqu'à quel point les transformations que nous allons envisager, survenant dans un État, peuvent invalider ou laisser subsister la force obligatoire des traités qui le régissaient antérieurement ? Ou bien les effets que ces transformations opèrent sur les traités existants dérivent-ils seulement des circonstances de fait, de la nature et de la portée des traités, ou du caractère de ces transformations elles-mêmes ?

Nous croyons que bien certainement on peut poser des principes généraux ; mais nous nous garderons d'établir une règle trop absolue et trop générale. A chaque cas particulier sa solution. Chaque transformation territoriale peut avoir une portée plus ou moins grande, et entraîner par là même des changements plus ou moins importants. Les faits étant rarement identiques, il faut en tenir compte dans une très large mesure. Quant à la nature et à la portée des traités, il nous paraît nécessaire de les distinguer soigneusement. La bonne foi nous oblige à considérer le but que l'on y a cherché : est-il incompatible avec la transformation territoriale qui vient d'avoir lieu, nous déclarerons ce traité rompu en raison du fait accompli ; n'y a-t-il au contraire aucune incompatibilité, la parole donnée nous paraît devoir être jusqu'au bout respectée. Il est admis en principe que les traités étant essentiellement des contrats de bonne foi doivent être interprétés et exécutés par les parties contractantes en toute sincérité et fidélité, disent Calvo et Bluntschli (1) : M. de Martens, allant plus loin, et même trop loin, à notre avis, ajoute même « sans distinguer entre les clauses principales et les clauses secondaires (2) ». Les traités et les conventions internationales, dit encore

(1) Calvo, *Droit international*, 4ᵉ édition, 1888, tome III, p. 394. — Bluntschli, 3ᵉ édition, nᵒ 449, p. 265. — Cf. Heffter, p. 81.
(2) De Martens, *Traité de droit international*, 1886, tome I, p. 545.

Calvo, sont pour les États ce que les contrats et les engagements privés sont pour les particuliers (1). Il en résulte qu'un État ne peut se dérober à l'exécution de ses
obligations sous le prétexte qu'elles sont devenues désavantageuses pour lui. Jusqu'à l'arrivée du terme, ou leur
dénonciation régulière, telle qu'elle a pu être prévue
implicitement ou explicitement, il doit les respecter ; ou
il faudrait alors qu'elles fussent devenues désormais im-
possibles pour lui, ou encore qu'il y ait eu accord commun pour y mettre fin. Ce principe que nous soutenons
ici avec des auteurs si autorisés a d'ailleurs été l'objet
d'une déclaration signée par plusieurs grandes puissances européennes à la Conférence de Londres, en 1871,
dans une addition au protocole de la séance des 5-12 janvier : « Les plénipotentiaires de l'Allemagne du Nord,
de l'Autriche-Hongrie, de la Grande-Bretagne, de l'Italie,
de la Russie et de la Turquie, réunis aujourd'hui en conférence, reconnaissent comme un principe essentiel de
droit international, qu'aucune puissance ne peut s'affranchir des obligations d'un traité, ni modifier ses dispositions, qu'avec l'assentiment des parties contractantes,
obtenu au moyen d'un consentement amical » (2). M. de
Bismark n'ayant pas voulu accorder de laisser-passer à
M. Jules Favre désigné pour représenter la France à la
Conférence de Londres, celle-ci n'y put prendre part. Ce

(1) Calvo, 1, p. 247, III, p. 373.
(2) De Martens, *Ibid.*, I, p. 545.

n'est qu'après la guerre franco-allemande que la France donna son adhésion.

Cependant, dit Bluntschli, si l'on peut exiger d'un État qu'il exécute les engagements même onéreux contractés par lui, on ne saurait lui demander de sacrifier à l'exécution du traité son développement et son existence (1). Pasquale Fiore justifie cette solution en l'appuyant sur le principe général qu'on ne peut considérer aucune obligation comme valide quand elle tend à détruire la nation qui l'a contractée (2). Heffter va même plus loin encore, et prétend qu'un traité devient nul dès qu'il est en contradiction avec le bien-être du peuple (3).

Pour nous, fuyant les solutions extrêmes, il nous semble naturel d'admettre :

1° Avec Vattel, qu'un traité dépend de la conservation des choses dans le même état, s'il est certain et manifeste que la promesse a été faite en considération de cet état de choses (4) ; 2° avec Bluntschli, que l'obligation de respecter le traité doit cesser lorsque l'ordre des faits qui avaient été la base expresse ou tacite du traité se modifie tellement avec le temps, que le sens du traité s'est perdu, ou que son exécution est devenue contraire à la nature des choses (5); 3° que l'application d'un traité doit prendre fin lorsque les circonstances ont changé de

---

(1) Bluntschli, *Ibid.* p. 269, n° 460.

(2) Pasquale Fiore, *Nouveau droit international public,* 1868, trad. et annoté par Pradier-Fodéré, tome II, p. 33.

(3) Heffter, *Droit international,* annoté par Geffken, p. 221.

(4) Vattel, *Droit des gens,* 1863, tome II, p. 277.

(5) Bluntschli, n° 458, p. 268.

telle sorte que si elles eussent été telles quand on a consenti au traité, on n'aurait certainement pas pris l'engagement (1), car dans l'intention évidente des parties, elles en formaient la condition tacite (2). C'est ce qu'on appelle, dit M. de Martens, *clausula rebus sic stantibus*(3). « Il faut considérer comme un changement de cette nature, dit Heffter, celui qui ne permettrait pas à l'État obligé de maintenir sa position politique ancienne, et qui le placerait dans une condition d'infériorité vis-à-vis des autres, infériorité qui n'existait pas lors du traité et qui n'était pas dans l'intention des contractants. Un changement pareil a lieu encore lorsque l'événement et les circonstances qui ont motivé l'engagement contracté ne se sont pas réalisés, ou ont cessé d'exister, lorsque par exemple, l'alliance de famille qui a formé la condition tacite d'une alliance politique a été rompue (4) ».

En ce qui concerne l'extinction des traités nous considérerons donc comme règle, dans tout le cours de notre étude, que les traités internationaux (perpétuels) sont aussi durables que les États contractants eux-mêmes (5), et que, par conséquent nous devrons toujours les maintenir dans toute la mesure du possible, c'est-à-dire autant qu'ils n'auront rien de contraire au nouvel

---

(1) Pasquale Fiore, II, p. 43.
(2) Heffter, p. 221.
(3) De Martens, I, p. 560.
(4) Heffter, p. 222.
(5) Neumann, *Eléments du droit des gens moderne*, trad. de Riedmatten, 1886, p. 115.

' état de choses établi, à la transformation que viennent
de subir les contractants ou l'un d'eux, transformation
que nous supposons d'ailleurs toujours reconnue par les
puissances.

Il ne nous paraît donc pas douteux que la valeur juridique des traités, leur existence, leur force obligatoire,
leur extinction dépendent des circonstances et de la
situation des États contractants.

Mais un point qui ne nous paraît pas moins digne
d'intérêt au point de vue de la solution des questions
que nous avons à examiner, c'est la distinction des différentes espèces de traités. Ceux-ci nous apparaissent
sous des aspects bien divers. Suivant les points de vue
auxquels on s'est placé, on a tenté d'en faire des classi-
fications différentes que nous n'avons pas intérêt à reproduire ici. Sans prétendre d'ailleurs faire une classi-
fication complète, envisageant les traités au point de vue
qui nous intéresse ici, c'est-à-dire celui de leur nature,
nous examinerons successivement les effets des transformations territoriales des États sur :

1° Les traités politiques ;

2° Les traités économiques et administratifs ;

3° Les traités ayant un caractère réel ;

4° Les traités ayant un caractère d'utilité générale.

Dans les traités politiques rentrent naturellement les
traités d'alliance, d'amitié, de paix, d'union politique,
de subside, de garantie, de protection, de neutralité, de
cession de territoire, etc

2 Donnant un sens large à l'expression traités économiques, nous entendrons bien souvent par là les traités
commerciaux et administratifs et les conventions douanières. La plupart du temps même, à cause de la simili-
tude de solutions, nous y ferons rentrer jusqu'aux conventions relatives à l'exécution des jugements étrangers.
Ce sont là d'ailleurs, jusqu'à un certain point, des traités
d'ordre administratif.

3 Les traités réels ne comportent guère que les traités
de limites et les servitudes internationales.

4) Par traités ayant un caractère d'utilité générale, nous
entendons désigner ceux dans lesquels sont intervenues
la grande majorité des puissances, pour régler des questions qui les intéressaient toutes à un degré presque égal.
Telles sont les conventions postales, télégraphiques et
téléphoniques, telle est la convention de Genève, relative
aux secours à donner aux blessés en temps de guerre,
ou encore la convention de Bruxelles pour l'abolition
de la traite des nègres, ou celle de St-Pétersbourg pour
le non emploi des balles explosibles. Il y a là, pour les
nations civilisées, quelque chose d'analogue à cet ensemble de règles établies par un long usage, et que l'on
appelle quelquefois le droit des gens européen.

Quels qu'en soient d'ailleurs la nature, l'objet et la
durée, la valeur d'un traité dépend essentiellement de
la situation des États qui y ont été parties, des circonstances dans lesquelles il a été signé, et de celles qui sont
survenues postérieurement.

Tenant compte de chacun des éléments que nous venons d'indiquer, nous abordons maintenant l'examen des conséquences des transformations territoriales des États sur les traités antérieurs à ces transformations.

Peut-être reprochera-t-on à notre titre d'être trop étroit, et de ne pas embrasser toutes les transformations que nous examinons. On ne peut pas dire, en effet, que l'établissement d'une confédération d'États, que la formation d'États fédéraux, d'unions personnelles, que l'établissement d'un protectorat surtout, et la déclaration de neutralité perpétuelle soient des transformations territoriales des États qui en sont l'objet : mais faute de mieux, nous avons dû l'adopter. Nous entendions laisser absolument de côté toute question de politique intérieure. L'expression transformations politiques eût compris des transformations qui ne regardent que le droit public interne en même temps que celles qui regardent les relations extérieures, et eût semblé comprendre presque tout le droit des gens. C'eût été promettre beaucoup pour tenir peu. Nous avons préféré le contraire. Quant à l'expression exacte, nous nous avouons humblement incapable de la trouver.

CHAPITRE PRÉLIMINAIRE

ÉTATS SOUVERAINS,

« Toute nation, dit Vattel, qui se gouverne elle-même, sous quelque forme que ce soit, sans dépendance d'aucun étranger, est un État souverain. Ses droits sont naturellement les mêmes que ceux de tout autre État. Telles sont les personnes morales qui vivent ensemble dans une société naturelle soumise aux lois du droit des gens. Pour qu'une nation ait droit de figurer immédiatement dans cette grande société, il suffit qu'elle soit véritablement souveraine et indépendante, c'est-à-dire qu'elle se gouverne elle-même par sa propre autorité et par ses lois (1) ».

Les États souverains sont simples ou composés. Simples, ils forment un tout indivisible, tant au point de vue intérieur qu'au point de vue extérieur.

Les États composés sont formés d'un certain nombre d'États qui ont leurs gouvernements intérieurs indépendants : mais au point de vue politique, ils ne forment qu'une seule personne internationale. Chacun des États ainsi réunis peut, selon les cas, garder une certaine initiative pour les traités économiques, mais ils n'en res-

(1) Vattel, *Droit des gens*, 1863, liv. I, ch. I, p. 4.

tent pas moins les membres d'un même tout, dont chacun d'eux doit respecter les intérêts.

L'un des attributs de la souveraineté consiste dans le droit de négocier et de conclure des traités. Le droit à l'indépendance, droit fondamental et inséparable de la souveraineté de l'État, se manifeste notamment dans le droit de diriger en toute indépendance les relations internationales, de négocier et de conclure des traités (1).

Exercé dans les limites de l'indépendance des États contractants, ce droit de négocier et de conclure des traités est absolu. Les États souverains ont le droit de régler ainsi toutes les questions qui les intéressent, pourvu que leurs engagements ne portent que sur les choses et sur les droits qui dépendent de leur autorité. C'est ainsi que la Turquie, quand elle possédait seule tout le rivage de la mer Noire, avait incontestablement le droit de régler à sa guise les conditions de la navigation dans les détroits. Après que les Russes eurent conquis le rivage septentrional de cette mer fermée, celle-ci fut transformée en mer ouverte. Dès lors, la Russie ne cessa de réclamer comme un droit, le libre passage de ses navires à travers les détroits. La Porte consentit à ce que ce passage fût libre pour tous les navires de commerce. Mais, à raison du danger qui pouvait en résulter pour Constantinople, l'empire Ottoman refusa d'ouvrir les détroits du Bosphore et des Dardanelles aux

_____

(1) De Martens, *Droit international,* tome 1. p. 394.

bâtiments de guerre (1). Le traité de Londres, du 13 juillet 1841 (art. 2), reconnut cette « ancienne règle de
l'empire Ottoman ». Confirmée par le traité de Paris
de 1856, elle reste en vigueur, d'après le traité de
Londres de 1871, mais le sultan s'est réservé la faculté
d'ouvrir ces détroits, à titre d'exception temporaire,
dans le cas où l'intérêt de la sécurité de son empire lui
ferait reconnaître la nécessité de la présence des bâtiments de guerre des puissances non riveraines de la mer
Noire (art. 3). La mer de Marmara, qui se trouve entre
ces deux détroits, et dont les deux côtés de l'entrée, et
les rivages, sont soumis au même riverain est donc une
mer fermée dans le sens strict du mot (2).

Mais si la faculté de conclure des conventions internationales est une manière d'exercer ses droits d'indépendance internationale et de souveraineté, il ne faut
pas oublier que les traités sont pour les États comme les
contrats pour les particuliers. Il en résulte un lien réciproque, dont l'observation peut être rigoureusement
imposée. « Deux nations qui négocient ensemble se ren-
dent réciproquement dépendantes », dit Montesquieu.

Dès qu'un État a pris des engagements par un traité,
il n'a plus le droit de faire en faveur des autres nations,
contre la teneur du traité, ce qu'il eût pu accorder auparavant en vertu du droit commun. Mais ce n'est pas
seulement son droit de conclure d'autres traités qui est

(1) De Martens, tome II, p. 357 *in fine.*
(2) Heffter, *Droit des gens*, p. 196, note 1.

restreint : il doit aussi, par tous les moyens en son pouvoir, assurer le maintien et l'exécution du traité valablement consenti. Il ne peut se dégager de ces conséquences par sa seule volonté.

Les traités s'imposent donc aux parties contractantes tant qu'ils n'ont pas été régulièrement dénoncés, et ils sont maintenus, quels que soient les changements qui peuvent se produire dans la constitution politique intérieure ou le territoire des États, pourvu que ces changements n'altèrent point la souveraineté et l'indépendance même de l'État, ni l'état de choses antérieur.

La constitution intérieure des États a une certaine importance dans les rapports internationaux (1). Mais il n'est pas mis fin à la vie internationale d'un État, par une révolution intérieure, qui transfère d'une partie du corps politique à une autre le pouvoir suprême (2). Tous les traités subsistent intacts, malgré les changements que peut subir l'ordre intérieur de l'État. « Si la validité des engagements internationaux dépendait du règne de telle ou telle dynastie, de telle ou telle forme de gouvernement, il suffirait d'une révolution pour affranchir un peuple des obligations résultant pour lui des traités qu'il a conclus (3) ». Il y a certainement une exception à cette règle pour certains traités personnels, contractés expressément en vue de la personne du sou-

(1) Heffter, p. 46 in fine.
(2) Travers Twiss, Le Droit des gens, tome I, p. 19.
(3) De Martens, tom. I, p. 363.

verain. C'est ainsi que le fameux traité dit *Pacte de famille*, conclu en 1761, devait nécessairement prendre fin le jour où les Bourbons cesseraient de régner en France. Ce sont là traités devenus à l'heure qu'il est excessivement rares.

Les changements que subit le territoire de l'État contractant n'ont aucun effet en principe sur le maintien des traités internationaux. « Peu importe que le territoire d'un État soit arrondi, morcelé ou enclavé : les droits de souveraineté et d'indépendance sont toujours les mêmes (1) ».

Mais il en est différemment pour les territoires annexés, ou pour les colonies découvertes ou conquises. Il y a là des transformations qui peuvent porter atteinte au maintien des conventions internationales.

Pour étudier les effets de ces transformations sur les traités, nous diviserons notre chapitre premier de la manière suivante :

Section I. — Formation d'un nouvel État souverain.

Section II. — Accroissement du territoire de l'État. § 1, fondation d'une colonie sur un territoire jusqu'alors inconnu ; § 2, acquisition de colonies préexistantes ; § 3, annexion proprement dite.

Section III. — Démembrement d'un État.

Section IV. — Extinction d'un État.

(1) Heffter, p. 145, § 67.

CHAPITRE PREMIER

Section I. — Formation d'un nouvel État souverain.

Un État souverain nouveau peut se former, soit par le groupement d'un certain nombre de personnes sur un territoire inhabité (Libéria), soit à la suite de la rupture d'un lien de vassalité, comme cela a eu lieu pour la Roumanie et la Serbie, soit encore quand une province se détache entièrement de l'État principal (Belgique, Grèce), ou par la création d'un État sur les ruines d'un État renversé. Nous ne parlerons pas ici de la Bulgarie, État en voie de formation, il est vrai, mais qui n'est encore à l'heure qu'il est que mi-souverain. C'est donc sous le titre des États mi-souverains que nous nous proposons d'étudier sa situation par rapport aux traités.

En 1822, des nègres libérés de l'esclavage furent transportés sur la côte d'Afrique, et y créèrent une colonie, sous le nom de Libéria. En 1847, les États-Unis d'Amérique, l'Angleterre, la France et la Belgique reconnaissent Libéria comme république indépendante et souveraine. Le nouvel État, qui prenait naissance, devait nécessairement arriver à la vie internationale franc et quitte de tout engagement conventionnel.

C'est en 1389 que la Serbie avait perdu son indépen-

dance, et avait été soumise à la Turquie. En 1829, reconnue indépendante administrativement, sous la protection de la Russie, elle fut placée sous la garantie
collective de toutes les puissances, par le traité de Paris
du 30 mars 1856. La souveraineté de la Porte et son
droit de garnison étaient maintenus. Mais la principauté
de Serbie conservait son indépendance nationale et administrative, ainsi que l'entière liberté du culte, de la
législation, du commerce et de la navigation. En outre,
aucune intervention armée ne pouvait avoir lieu en Serbie sans l'accord préalable des hautes puissances contractantes signataires du traité. Soulevée une première
fois en 1876, la Serbie recommença la guerre le 14 décembre 1877, et son indépendance fut reconnue le 3 mars
1878, par le traité de San Stephano conclu entre la Russie et la Porte. L'article 34 du traité de Berlin (13 juillet
1878) maintint l'indépendance de la principauté, à la
condition que toutes les croyances religieuses y jouiraient
d'une liberté et d'une égalité civile complètes. En 1882,
le prince de Serbie a pris le titre de roi, et ce titre a été
reconnu par les puissances européennes.

La Serbie constituait donc un nouvel État indépendant,
et la reconnaissance des puissances avait consacré sa formation. Le nouvel État devait-il subir les traités conclus
antérieurement par la Turquie sa suzeraine, ou entrait-
il dans la vie internationale libre de tout engagement?
L'article 37 du traité de Berlin disait : « Jusqu'à la
conclusion de nouveaux arrangements rien ne sera

changé en Serbie aux conditions actuelles des relations commerciales de la principauté avec les pays étrangers. ..... Les immunités et privilèges des sujets étrangers, ainsi que les droits de juridiction et de protection consulaires tels qu'ils existent aujourd'hui resteront en pleine vigueur tant qu'ils n'auront pas été modifiés d'un commun accord entre la principauté et les puissances intéressées ».

Cet article déclare donc maintenir en Serbie les traités économiques contractés par la Turquie. Pour que ce maintien fût possible, une mention spéciale était nécessaire dans le traité. La Serbie, en effet, n'ayant jusqu'alors que l'autonomie intérieure, sa constitution en royaume indépendant créait une nouvelle personne internationale qui ne devait pas être tenue d'engagements contractés par d'autres. Les traités consentis par la Turquie avaient été conclus dans l'intérêt général de tout l'empire ottoman : or il pouvait arriver que l'intérêt général de l'empire tout entier fût contraire à l'intérêt d'une province de l'empire. Cette province arrivant à l'indépendance il était exorbitant de lui imposer le respect de conventions qui pouvaient lui être désavantageuses. Il était contradictoire de créer un nouvel État souverain et de contrarier en même temps sa souveraineté et son développement en l'obligeant à respecter des traités funestes pour lui.

En droit, les traités passés par la Turquie auraient dû cesser de produire leurs effets en Serbie, dès le jour où

elle fut déclarée indépendante. A notre avis, et pour les
motifs que nous venons d'indiquer, les puissances signataires du traité de Berlin nous paraissent avoir outre-
passé leurs droits en adoptant la solution de l'article 37.
Peut-être n'est-ce là qu'une solution d'espèce, et nous es-
pérons que dans l'avenir, notre principe sera sauvegardé.

Quant aux traités politiques, à plus forte raison de-
vons-nous les considérer comme abrogés par le fait même
de la déclaration d'indépendance. Le traité de Berlin,
qui est si explicite au sujet des traités économiques, ne
fait aucune mention des traités politiques : c'était bien
indiquer que l'on se gardait d'admettre pour eux la
même solution : aussi déclarons-nous qu'ils ont cessé
d'avoir toute force obligatoire.

En raison de leur caractère même, les traités réels et
les traités d'utilité générale doivent rester en vigueur.

La Roumanie fut aussi reconnue indépendante par
l'article 5 du traité de San Stephano confirmé sur ce
point par le traité de Berlin. La principauté de Valachie
payait un tribut à la Turquie depuis le XVᵉ siècle. En
1829 seulement, quelques changements importants
avaient été apportés à la situation des principautés de
Moldavie et de Valachie. Désormais, les deux principautés, placées sous la suzeraineté de la Porte et la garantie
de la Russie, jouissaient d'une administration nationale
indépendante, et d'une entière liberté de relations commerciales. Le traité de Paris de 1856 laissa ces deux principautés mi-souveraines sous la suzeraineté de la Porte,

mais les puissances contractantes se portaient garantes de l'observation du traité. En 1862, la Porte reconnut le droit des deux principautés de s'unir en un seul État sous le titre de Roumanie, mais toujours sous réserve des droits de la puissance suzeraine. Enfin, en 1877, la Roumanie, profitant de la guerre qui avait éclaté entre la Russie et la Turquie, se déclara indépendante, et le 3 mars 1878, son indépendance fut reconnue par la Turquie, dans le traité de San Stephano. Les puissances européennes reconnurent ensuite le nouvel État indépendant, à la condition que toutes les croyances religieuses y jouiraient d'une liberté et d'une égalité civile complètes (art. 43 du traité de Berlin). Le prince de Roumanie a pris depuis le titre de roi, le 22 mai 1882.

Un nouvel État souverain était reconnu. Mais quel était l'effet de cette reconnaissance sur les traités antérieurs ? L'article 49 du traité de Berlin édicte à ce sujet pour la Roumanie une règle analogue à celle que l'article 37 avait posée pour la Serbie. Semblable avant la guerre turco-russe, la situation de ces deux pays reste encore semblable après le traité de Berlin. Inutile de revenir sur ce que nous avons dit plus haut au sujet de la Serbie. L'identité de situation appelle l'identité de solution.

Quelquefois, un nouvel État est formé par une province qui se sépare entièrement d'un État existant. La Grèce, et la Belgique en 1830, ont ainsi formé de nouveaux États souverains.

Lorsque la Grèce se révolta contre la Turquie, la

Grande-Bretagne, la Russie et la France ne pensaient faire de la Grèce qu'une province vassale de la Turquie, mais ayant l'autonomie administrative, nommant elle-même ses chefs avec approbation du sultan. Le soulèvement ne prit fin que par le traité d'Andrinople, 2 septembre 1829. La Grèce fut déclarée pleinement indépendante. Le protocole du 3 février 1830 indique les bases de cette indépendance, disant que la Grèce formera un État indépendant, et jouira de tous les droits politiques, administratifs et commerciaux attachés à une indépendance complète. En 1832, le sultan demanda que les forces de la Grèce fussent limitées, et que la Grèce observât strictement la neutralité. Le 30 août 1832, la conférence de Londres affirma de nouveau l'indépendance de la Grèce, et fit réponse au sultan que il suffit d'observer que le droit d'entretenir des forces de terre et de mer, sans en limiter le nombre, est un droit inhérent à l'indépendance d'un État, que l'indépendance de la Grèce et tous les droits qui y sont inhérents ont été consacrés par le protocole du 3 février 1830 ; que la Porte Ottomane a pleinement adhéré à ce protocole et qu'en conséquence, ni les cours qui l'ont signé, ni la Porte Ottomane qui y a accédé, ne sauraient aujourd'hui, sans violer leurs engagements, restreindre un des droits que ce même protocole accorde à la Grèce dans toute leur plénitude.

Les mêmes raisons, y est-il dit encore, militent contre la seconde demande du Gouvernement Ottoman. Le droit de prendre parti dans toute guerre qui éclate entre puissances tierces, est aussi un des droits inhérents à l'indépendance d'un État, à moins que cet État n'ait été constitué et déclaré perpétuellement neutre. Ainsi ne possédant pas le bénéfice d'une neutralité perpétuelle, elle ne saurait être légitimement tenue d'en remplir les obligations (1) ».

C'est bien admettre l'indépendance complète de la Grèce et la déclarer à l'avenir déliée de tous les traités politiques qui la régissaient lorsqu'elle n'était encore qu'une province de la Turquie. Elle constitue un État libre ; elle a désormais la pleine souveraineté au point de vue des relations internationales, elle a ses intérêts propres, qu'elle peut régler au gré de ses désirs, comme toute autre puissance souveraine. Tout cela semble bien devoir la faire considérer comme n'étant plus tenue des traités commerciaux et économiques, et de tous ceux que nous faisons rentrer dans cette même catégorie, que la Turquie avait pu contracter autrefois pour toutes ses provinces.

Les traités réels et les obligations qui peuvent être considérées comme constituant le droit des gens universel continuaient seuls à s'appliquer à elle.

Sans doute à l'inverse de ce qui eut lieu pour la Serbie et pour la Roumanie qui passèrent par la condition d'États mi-souverains, avant d'être déclarées pleinement libres et indépendantes, la Grèce passait brusquement

---

(1) De Clercq, *Recueil des traités de la France*, tome IV, p. 191.

de la condition de province à celle d'État entièrement
souverain. Mais à notre avis il n'y avait là aucune raison pour les considérer comme plus ou moins liées les
unes que les autres, par les traités anciens conclus par
la Turquie. Leur condition, leur capacité désormais
étaient les mêmes. Les conséquences de la déclaration
d'indépendance devaient pour elles trois être les mêmes,
surtout si l'on considère qu'elles se séparaient d'un
seul et même État.

Du jour de sa déclaration d'indépendance, la Grèce n'a
plus été considérée comme liée par les traités antérieurs
de la Turquie, et les capitulations n'y ont plus été en
vigueur.

Les traités de 1815 avaient réuni la Belgique à la
Hollande pour former le royaume des Pays-Bas. En 1830
la Belgique se souleva contre la Hollande. Un gouvernement provisoire fut constitué, et le 4 octobre se réunit un Congrès national. Le 18 novembre 1830, ce Congrès proclamait l'indépendance de la Belgique. Une
conférence européenne fut alors réunie, sur la demande
des Pays-Bas. Dans le protocole du 20 décembre 1830,
la Conférence constatait que les hostilités avaient cessé,
et que l'union entre la Belgique et la Hollande était dis-
soute. Après de longues négociations, le 15 novembre
1831, un traité fut conclu à Londres, entre la France, la
Belgique, l'Autriche, la Grande-Bretagne, la Prusse et la
Russie, pour la constitution du royaume de Belgique, et
la reconnaissance de son indépendance et de sa neutra-

lité. Ce n'est que le 19 avril 1839, que le roi de Hollande consentit à reconnaître l'indépendance de la Belgique.

Ce nouvel État constitué, quels effets devaient produire à son égard les traités contractés par les Pays-Bas, pendant le temps de leur union ? A cet égard le protocole n° 19 de la Conférence de Londres, du 19 février 1831, posait des règles qu'il est intéressant de constater. « Chaque nation a ses droits particuliers ; mais l'Europe aussi a son droit : c'est l'ordre social qui le lui a donné. Les traités qui régissaient l'Europe, la Belgique devenue indépendante les trouvait faits et en vigueur ; elle devait donc les respecter, et ne pouvait pas les enfreindre. En les respectant, elle se conciliait avec l'intérêt et le repos de la grande communauté des États européens ; en les enfreignant, elle eût amené la confusion et la guerre. Les puissances seules pouvaient prévenir ce malheur, et puisqu'elles le pouvaient, elles le devaient. Elles devaient faire prévaloir la salutaire maxime que les événements qui font naître en Europe un État nouveau ne lui donnent pas le droit d'altérer le système général dans lequel il entre, que les changements survenus dans la condition d'un État ancien ne l'autorisent pas à se croire délié de ses engagements antérieurs. Maxime de tous les peuples civilisés, maxime qui se rattache au principe même d'après lequel les États survivent à leurs gouvernements, et les obligations imprescriptibles des traités, à ceux qui les contractent ; maxime enfin qu'on n'oublierait pas sans faire rétrograder la civilisation, dont la morale et

la foi publique sont heureusement et les premières conséquences et les premières garanties ». Le protocole du
20 décembre fut l'expression de ces principes ; il statua :
« que la Conférence s'occuperait de discuter et de con-
certer les nouveaux arrangements les plus propres à
combiner l'indépendance future de la Belgique avec les
stipulations des traités, avec les intérêts et la sécurité
des autres États, et avec la conservation de l'équilibre
européen (1) ».

Les traités politiques, passés par les Pays-Bas pendant l'union avec la Belgique, cessaient de s'appliquer
à celle-ci. La déclaration d'indépendance, et mieux encore la déclaration de la neutralité perpétuelle de la
Belgique y mettaient obstacle. Ces traités restaient ap-
plicables à la Hollande, car c'est elle qui les avait contractés, et une diminution de son territoire ne pouvait l'exonérer de ses obligations, puisqu'elle ne perdait
pas sa personnalité.

Les traités économiques ne pouvaient plus avoir
force obligatoire en Belgique. Il y avait là création d'une
personnalité nouvelle et indépendante, dont la souveraineté n'était en rien limitée au point de vue économique. En fait, les intérêts économiques de la Hollande
étaient contraires à ceux de la Belgique. C'est même
cette divergence qui fut la principale cause de la scis-
sion entre les deux pays. C'est un motif de fait, qui
venait s'ajouter aux motifs de droit, pour empêcher le

(1) De Clercq, *Recueil des traités de la France*, tome IV, p. 15.

maintien pour la Belgique des traités commerciaux passés par les Pays-Bas.

Le respect des traités réels s'imposait dans l'espèce comme il s'impose toujours. Il en était ainsi notamment d'une convention de Courtray de 1826 sur la délimitation de la France et des Pays-Bas.

Quant aux traités d'utilité générale, les protocoles de la Conférence de Londres se sont assez longuement expliqués sur leur maintien. Nous ne pouvons qu'approuver leur solution.

Nous avons dit enfin que de nouveaux États pouvaient se former à la suite du renversement d'un autre État. Bluntschli (1) fait observer à cette occasion que « la constitution et le droit constitutionnel d'un État renversé avaient pour source de leur autorité la volonté de cet État, et la puissance de ce dernier pour garantie de leur efficacité ». Les traités de cet État eux aussi avaient pour source sa volonté, et pour but ses intérêts. Dès qu'il vient à périr, ils ont perdu toute raison d'être, et avec leur objet, doit cesser leur existence.

Sur les ruines d'un ou de plusieurs États peuvent s'en former un ou plusieurs autres. Tel est, d'après un certain nombre d'auteurs (2), le cas de l'Italie, qui s'est formée de la réunion de tous les États qui se partageaient la péninsule italique. C'est selon nous l'opinion la plus juridique. Il y avait eu en effet en Italie une révolution,

(1) Bluntschli, p. 83.
(2) Fiore, M. Renault.

un bouleversement complet de l'état de choses existant. Les esprits étaient animés dans des sens différents. Les uns voulaient l'unité de l'Italie, tandis que les autres s'y opposaient de toutes leurs forces. Sans doute les différents États de la péninsule furent groupés successivement à la Sardaigne ; mais lorsque la constitution du nouveau royaume fut achevée, et il ne fallut d'ailleurs pas très longtemps pour cela, on peut bien dire qu'il y avait là formation d'un nouveau royaume, d'un nouvel État, ayant désormais ses intérêts propres, bien différents de ceux de chacun des petits États antérieurs. Au point de vue politique, il y avait désormais un État important, dont les autres puissances devaient tenir grand compte. Il ne s'agissait plus là de petits États, quantités négligeables dans les relations internationales. Les traités politiques de chacun d'eux devaient donc être nécessairement regardés comme abrogés par le nouvel état de choses.

Au point de vue des traités économiques, le nouvel État constitué, le royaume d'Italie ne représentait-il pas un ensemble d'intérêts tout nouveaux, bien différents de ceux de chacun des petits États de la péninsule, et nous dirons même de ceux de la Sardaigne ?

Au nouveau royaume, n'avait-on pas donné un nom nouveau ? Tel n'est pas l'usage que l'on suit en cas d'annexion. L'annexant est alors considéré comme conservant intacte sa personnalité antérieure : il conserve le même nom en même temps que les mêmes relations avec les pays étrangers. On n'a pas jugé qu'il devait en être ainsi pour le nouveau royaume d'Italie.

Sans doute, selon nous, ce nouveau royaume devait assumer les dettes de tous les États qui y entraient, respecter les frontières et les traités réels de toute nature, existant avec des pays étrangers, non pas encore tant comme siens propres, que comme frontières et droits réels des États étrangers, auxquels on ne pouvait évidemment pas porter atteinte.

La pratique cependant n'a jamais voulu voir dans la constitution du royaume d'Italie la formation d'un État nouveau.

L'Italie elle-même s'est toujours considérée, et a toujours été considérée par les autres puissances, comme n'étant que l'extension de la Sardaigne qui s'est annexé successivement tous les autres États de la péninsule. Sans doute on peut dire en faveur de cette opinion que c'est autour de la Sardaigne que se sont groupés successivement tous les autres États Italiques. Mais une fois l'unité italienne constituée, il nous semble qu'il y avait là une personne internationale toute nouvelle, seulement tenue des obligations réelles et des dettes qui grevaient chacun des petits États qui se fondaient dans cette personne nouvelle. En raison du caractère spécial de ces obligations propres à une portion de territoire, elles restent à la charge de celle-ci ou de l'État qui vient à l'englober. Notre solution sera la même pour les traités ayant un caractère d'utilité générale. Mais quant à tous les autres traités, nous les considérons comme essentiellement faits *intuitu personæ*. Dès qu'une personne internationale nouvelle se trouve substituée à celle qui y a pris part, ils doivent fatalement prendre fin.

Si nous avons contre nous la jurisprudence et un certain nombre d'auteurs, nous croyons que cela tient à ce qu'on s'est surtout inspiré de raisons d'utilité pratique. On a cru plus utile au point de vue des rapports internationaux de ne pas mettre brusquement fin à tous traités avec l'Italie. Jusqu'à leur expiration par dénomination ou par arrivée du terme fixé on a donc étendu à tout le nouveau royaume les traités qui ne régissaient jusqu'alors que le royaume de Piémont et de Sardaigne. C'est ainsi qu'il a été décidé notamment que la convention conclue entre la France et la Sardaigne en 1760, et dont l'article 22 détermine les conditions d'exécution des jugements de l'un de ces pays dans l'autre devrait être appliqué au royaume d'Italie. C'est en ce sens qu'ont été rendus une foule de jugements et d'arrêts et, entre autres, un arrêt de la Cour de Paris du 1er décembre 1879 (1) qui décide que l'ancien traité sur l'exécution des jugements, conclu entre la France et la Sardaigne, doit être maintenu, même après la formation du royaume d'Italie. Aujourd'hui, il est vrai, la question n'a plus d'intérêt, car toutes les conventions anciennes ont été remplacées par de nouvelles contractées par l'Italie. Au point de vue de notre étude nous pouvons men-

(1) Sirey, 1881, 2e part., p. 145.

tionner que la dette Lombarde a été répartie entre la Lombardie et la Sardaigne, quand celle-ci s'est emparée de la Lombardie.

Qu'il y ait eu en Italie formation d'un État nouveau, ou annexion à la Sardaigne des autres petits États de la péninsule, on ne pouvait pas plus dans un cas que dans l'autre songer à maintenir les traités passés antérieurement par chacun des petits États italiens avec les puissances étrangères, sauf ceux qui avaient un caractère réel. Leurs dettes aussi passaient au nouveau royaume d'Italie ; mais ce n'est pas là question de droit international public. Cela concerne le domaine privé de l'État et se trouve uniformément réglé par l'acte même qui constate la transformation territoriale. Pour tous autres traités la personne de ces petits États disparaissant ils devaient eux-mêmes disparaître. Essentiellement faits *intuitu personæ*, ils ne pouvaient se trouver transmis à une nouvelle personne qui avait pris la place de l'ancienne.

Seuls tous les traités de la Sardaigne pouvaient être considérés comme devant continuer à s'appliquer, même avec extension à toutes les provinces nouvelles, au point de vue de ceux qui considèrent qu'il y a eu annexion à la Sardaigne des autres États italiques ; mais même en ce cas, selon nous telle ne devrait pas être la solution admise, car tous les traités sont toujours faits sous la clause *sic rebus stantibus* et l'état de choses avait bien changé.

Pour terminer, mentionnons un nouvel État souverain qui s'est formé en 1885 : c'est l'État du Congo. A la suite des

explorations de l'Afrique par Stanley, il s'était formé une
Association Internationale Africaine, sous la présidence
du roi des Belges. Cette association paraît avoir eu pour
but de réunir une foule de petits États par un lien fédératif. Elle s'est modifiée depuis, et paraît devoir établir
entre les pays découverts et constitués en États un lien
plus étroit. En 1884, les États-Unis déclarèrent reconnaître comme un pavillon ami le pavillon de l'Association Internationale Africaine. A la même époque s'ou-
vrait à Berlin une grande conférence internationale,
dans le but d'assurer la liberté du commerce et de la navigation dans le bassin du Congo. Le 26 février 1885
intervint un acte très important, dit Acte général de la
Conférence Africaine. L'Association Internationale Africaine n'était pas représentée à la Conférence. Mais
aussitôt après que l'assemblée des plénipotentiaires
eût donné à l'acte général sa sanction définitive, et avant
qu'on fut passé à la signature des instruments, Sa Majesté Léopold II, roi des Belges, agissant comme fonda-
teur de l'Association Internationale du Congo, par son
plénipotentiaire le colonel Straush, président de l'Association, a adhéré aux dispositions de l'acte général
de la conférence. L'Association se considérait donc, et
était considérée comme puissance. Dès lors, l'Association est, en vertu de cette adhésion aux résolutions
de la Conférence, reconnue comme un des principaux
gardiens de l'œuvre que la conférence a eue en vue. Elle
a été reconnue par des conventions passées avec les

puissances signataires de l'acte général comme État
ami, et son pavillon, le drapeau bleu, avec l'étoile d'or,
a été reconnu comme celui d'un gouvernement ami.
Puis, il a été fait des conventions avec la France, au
sujet de la délimitation du bassin du Congo.

Un État nouveau entre dans la vie internationale aussitôt qu'il est reconnu par les autres puissances. La formation des États nouveaux entraîne des obligations tant
pour l'État nouveau que pour les États anciens au milieu
desquels il est introduit. Mais quant aux traités antérieurs, il ne peut en être question. L'État nouveau se
trouve seulement obligé de respecter ce qui peut être
considéré comme les règles du droit des gens universellement reconnues, et notamment les frontières des
autres États, ainsi que les droits réels qu'ils peuvent
avoir dans le pays où il s'établit. Les autres États ne
sont d'ailleurs pas tenus à son égard à plus d'obligations.

Section II. — Accroissement d'un État.

Un État peut augmenter son territoire :

1° Par la fondation d'une colonie sur un territoire jusqu'alors inconnu ;

2° Par l'acquisition de colonies préexistantes ;

3° Par annexion proprement dite.

§ 1. — *Occupation d'un pays jusqu'alors inconnu.*

C'est la découverte de l'Amérique, suivie bientôt de beaucoup d'autres en Asie et en Afrique, qui a introduit dans le droit international ce nouveau mode d'acquisition de territoires, pour les États.

A l'heure actuelle, la prise de possession d'un territoire nouveau, du moins en Afrique, est soumise à certaines conditions qui sont indiquées dans l'article 34 de l'acte général de la Conférence africaine, qui est ainsi conçu : « La puissance qui dorénavant prendra possession d'un territoire sur les côtes du continent africain, situé en dehors de ses possessions actuelles, ou qui, n'en ayant pas eu jusque-là, viendrait à en acquérir, et de même la puissance qui y assumera un protectorat, accompagnera l'acte respectif d'une notification adressée aux autres puissances signataires du présent acte, afin de les mettre à même de faire valoir s'il y a lieu leur réclamation (1) ». Le simple fait de planter un drapeau, des poteaux avec inscriptions, une croix ou d'autres emblèmes ne suffit pas pour donner à un pays un droit de souveraineté sur des territoires. Il faut en outre une prise de possession effective, c'est-à-dire accompagnée ou suivie d'un commencement d'organisation administrative, d'exploitation commerciale ou industrielle dans le pays (2). Et enfin, il faut faire la notification

(1) Acte général de la Conférence africaine, ch. VI, art. 34.
(2) Calvo, tome I, 1887, p. 338, *in fine.*

imposée à la puissance qui prend possession d'un territoire, si elle veut rendre sa prise de possession opposable
à tous.

« Il est à remarquer, dit Calvo, que la plupart des
prises de possession effectives, depuis un certain temps,
sur le continent d'Afrique, ont pour base des arrangements directs avec les chefs indigènes, que tel est notamment le cas des acquisitions faites par la France sur
la côte occidentale, et dans le bassin du Congo, et par
l'Allemagne dans l'Est et l'Ouest de l'Afrique, ainsi que
dans la Nouvelle-Guinée ; et qu'en général, les puissances qui ont fondé des établissements dans ces parages
en ont pour ainsi dire légalisé l'origine par les mêmes
procédés (1) ».

Les tribus indigènes, en tant qu'États indépendants,
ont le droit de signer des traités, de consentir à l'abandon total ou partiel de leurs territoires, ou à l'établissement d'un protectorat. Les puissances étrangères qui
contractent avec des peuplades barbares indépendantes
forment donc de véritables traités, qui ont l'avantage de
fixer d'une manière précise la situation nouvelle qui est
créée.

Quel en est l'effet ? Il faut, croyons-nous, faire une
distinction. Si le territoire nouveau est réuni à la puissance européenne à titre de protectorat, les conséquences sur les traités antérieurs en seront expliquées plus
loin dans un chapitre spécial; si le territoire nouveau

(1) Calvo, I, p. 409.

est purement et simplement acquis, à titre de colonie, notre solution sera, pour identité de motifs, la même que dans le paragraphe 2. Mais la plupart du temps la question sera simple, car bien souvent, il n'y aura guère de traités existants.

§ 2. — *Acquisitions de colonies préexistantes.*

Le droit public moderne envisage les établissements coloniaux comme des dépendances éloignées de la mère patrie, soumises à sa juridiction, et faisant partie intégrante de son territoire (1).

Il résulte de cette définition que les traités et les lois politiques qui s'appliquent au territoire d'un État, et qui n'ont pas établi de distinctions contraires, s'appliquent en même temps à ses colonies.

Cependant cette règle ne doit pas être considérée comme exacte d'une manière absolue pour les traités économiques, car la condition d'une colonie peut être très différente de celle de la métropole et de celle des autres colonies. Bluntschli classe « les États coloniaux parmi les États mi-souverains ». Bien que l'autonomie de l'Australie et du Canada soit assez grande, ces pays n'en font pas moins cependant partie intégrante du royaume de la Grande-Bretagne. Quelle que soit l'organisation d'une colonie et son autonomie, il n'est pas exact de dire que les colonies forment des États, car

(1) Heffter, p. 159, § 68.

elles n'ont pas d'indépendance au point de vue international. Elles ne possèdent pas de représentation internationale ; elles sont toujours considérées comme faisant partie intégrante de leur métropole. Il n'y a là qu'une seule personne internationale.

Si un territoire est annexé comme colonie à une puissance étrangère, ce territoire sera en principe soumis aux traités de la métropole, et les traités qui le régissaient antérieurement seront sans effet à l'égard de celle-ci, sauf pour ce qui est des traités de frontières.

A raison des intérêts économiques différents de la métropole et de ses colonies, une législation économique différente les régit bien souvent. Cette divergence fera que bien souvent la métropole laissera subsister dans ses nouvelles colonies un certain nombre de leurs traités commerciaux antérieurs. Il faut avant tout considérer les circonstances et les conditions dans lesquelles la colonie a été annexée. Le traité d'annexion fixera d'ailleurs les relations de la colonie avec la mère patrie et avec les puissances étrangères.

Lorsque la métropole laisse subsister tous les traités économiques qui régissaient auparavant la colonie qu'elle acquiert, nous croyons que les puissances avec lesquelles ces traités ont été passés en restent tenues comme elles l'étaient antérieurement. Rien n'étant changé, en effet, au point de vue économique, nous ne voyons aucune bonne raison pour leur permettre de se déclarer désormais déliées de leurs engagements antérieurs.

Mais nous ne croyons pas que les puissances étrangères puissent être tenues de respecter les traités économiques autrefois passés par elles relativement à la colonie, lorsque la nouvelle métropole prétend choisir
entre les traités qu'elle veut laisser subsister, et ceux
auxquels elle entend mettre fin. Cela crée alors un
état de choses nouveau qui dégage également toutes les
parties de leurs engagements antérieurs. Des traités politiques, il n'en peut être question. Aux anciens traités se trouvent forcément substitués ceux de la nouvelle
métropole, car à ce point de vue, la métropole et la colonie ne peuvent faire qu'un. Les traités réels seront
maintenus à raïson de leur caractère même.

Quant à l'ancienne métropole dont une ou plusieurs
colonies se trouvent ainsi détachées pour être rattachées
au même titre à une nouvelle métropole, il n'existait
généralement pas de traités entre elle et ses colonies, ou
s'il y en avait, ils étaient d'une nature toute spéciale et
certainement faits en raison de l'état de choses existant.
Celui-ci cessant avec la séparation des colonies et leur
rattachement à une nouvelle métropole, ces traités anciens doivent nécessairement cesser de s'appliquer.

La colonie fait désormais partie d'un État nouveau
dont tous les intérêts diffèrent probablement beaucoup
de ceux de l'État dont elle faisait autrefois partie ; cela
doit fatalement amener l'interversion des traités internationaux la régissant. Elle sera désormais régie par
une nouvelle politique, conformément aux intérêts éco-

nomiques du nouvel État qui différeront sans doute beaucoup de ceux de l'ancien. Les traités économiques et les traités politiques qui régissaient autrefois cette colonie doivent donc, en raison de cela, perdre toute application, en même temps que toute utilité. Les traités réels antérieurs doivent seuls continuer à s'y appliquer. Ils constituent des *jura in re* qui sont établis, la plupart du temps, à l'inverse des autres droits, sans la moindre intervention de l'*intuitus personæ*. Le changement de personnalité n'y peut donc rien changer.

§ 3. — *Annexion proprement dite.*

Il faut distinguer deux sortes d'annexions :

1° Annexion d'une partie de territoire démembrée d'un autre État ;

2° Annexion d'un État tout entier.

Nous ne reviendrons pas sur l'établissement d'une colonie dans un pays jusqu'alors inoccupé par des nations civilisées, ni sur l'annexion d'une colonie déjà existante. Ce sont là des questions qui, quoique pouvant être en réalité comprises dans les annexions, si l'on prend ce mot dans son sens large, ont déjà été examinées dans les deux paragraphes précédents. Nous nous bornerons donc ici à examiner les conséquences sur les traités existants :

1° De l'annexion d'une province d'un État à un autre État ;

2º De l'annexion d'un État civilisé et reconnu à un autre État civilisé et reconnu.

I. Lorsqu'une province se trouve détachée d'un État auquel elle appartenait jusqu'alors, pour être rattachée à un autre qui lui était jusque-là étranger, elle se trouve placée désormais dans une situation toute nouvelle pour elle. La personnalité internationale, elle ne l'avait pas antérieurement et ne l'acquiert pas. Autrefois partie intégrante d'un État, elle est devenue partie intégrante d'un autre, et comme les États sont uns et indivisibles, il nous semble que nous devons admettre, dans la plus large mesure, que les traités de l'État annexant se trouvent, par le fait même de l'annexion, substitués de plein droit, au point de vue de la portion de territoire dont nous nous occupons, à ceux de l'État démembré. Sans doute les puissances qui sont étrangères à cette transformation territoriale pourraient, dans une certaine mesure, qui serait celle de leurs intérêts, s'opposer à cette transformation. Souvent même les puissances ont pensé à s'opposer à des transformations territoriales de ce genre, mais ce fut surtout au point de vue du maintien de l'équilibre européen. C'est là d'ailleurs une question qui se trouve en dehors de notre thèse. Nous prenons simplement, comme nous avons déjà eu occasion de le dire, la transformation accomplie et reconnue par les puissances, et nous nous contentons d'en examiner les conséquences relativement aux traités existants. Le fait même de l'annexion étant admis et reconnu, notre so-

lution nous paraît la plus conforme à la logique. Sans
doute il n'est que juste qu'en pareil cas, l'État annexant
prenne à sa charge une partie de la dette de l'État démembré, en raison de ce qui pouvait être considéré
comme la charge de la portion de territoire annexée ;
mais cela ne rentre pas dans les traités internationaux et
ne doit donc en rien modifier notre solution. Elle nous
semble d'ailleurs avoir en sa faveur non seulement la
logique mais encore les intérêts bien compris tout à la
fois de la portion annexée, de l'État annexant, de l'État
démembré et même des autres puissances. L'État annexant et le territoire annexé ne formant qu'un seul tout
désormais ont presque toujours intérêt à l'application
des mêmes traités. Si parfois les intérêts économiques
et commerciaux différaient d'une façon appréciable, ce
serait à l'État annexant à traiter désormais pour la portion annexée, peut-être même à stipuler les mêmes conventions que celles qui la régissaient antérieurement ;
mais il y aurait alors selon nous conventions nouvelles
quoique semblables aux anciennes, que nous tenons
pour abrogées pour le territoire annexé, par le fait même
de l'annexion. L'État démembré et les autres puissances n'auraient pas intérêt à créer des difficultés à l'État
annexant qui déjà fort probablement n'en est devenu
que plus puissant par son accroissement de territoire.
Les mesures de rétorsion et la guerre, moyens violents
et peu probants en faveur du bon droit, seraient les seules sanctions possibles, et bien peu souhaitables.

Du maintien au territoire annexé des traités politiques de l'État démembré, nous nous contenterons de dire qu'il ne peut vraiment en être question, puisque désormais ce territoire devient partie d'une personne nouvelle qui n'a rien de commun avec l'État auteur de ces traités.

Sauf la question de transfert d'un État à un autre de la portion de territoire objet de l'annexion, les traités réels ne peuvent recevoir de ce fait aucune modification. L'État cédant n'a pas pu céder plus de droits qu'il n'en avait, et l'État annexant n'a pas pu en acquérir plus que n'en avait son auteur.

Telle semble d'ailleurs être la solution admise par la pratique internationale.

C'est ainsi que dans la convention additionnelle au traité de paix du 10 mai 1871, entre la France et l'Allemagne, signé à Francfort le 11 décembre 1871, il est convenu (art. 18) « que les dispositions de la Convention franco-badoise du 16 avril 1846 sur l'exécution des jugements, celles du traité d'extradition conclu entre la France et la Prusse, le 21 juillet 1845, et la Convention franco-bavaroise du 24 mars 1865 sur la garantie réciproque des œuvres d'esprit et d'art seront provisoirement étendues à l'Alsace-Lorraine, et que dans les matières auxquelles ils se rattachent, ces trois arrangements serviront de règle pour les rapports entre la France et les territoires cédés ». Cela impliquait que, par suite du démembrement de la France, les traités de celle-ci cessaient entièrement de s'appliquer aux provinces cédées, et si l'on stipula ensuite que telle ou telle convention antérieure du duché de Bade, de la Prusse ou de la Bavière s'étendraient à l'avenir à l'Alsace-Lorraine, c'est que l'unité de l'Allemagne au point de vue des relations extérieures n'était pas encore réalisée, comme elle ne l'est d'ailleurs pas encore pleinement aujourd'hui. Nous croyons que si l'Allemagne avait alors formé un État unitaire, ses traités se seraient de plein droit appliqués aux territoires annexés, sans qu'il fût besoin d'aucune stipulation à ce sujet.

Lorsqu'eut lieu en 1860 l'annexion de la Savoie à la France, par le traité de Turin, ce sont les mêmes principes que l'on avait suivis pour la plupart des traités qui régissaient alors les rapports de la Savoie avec les puissances étrangères. Cependant, contrairement à notre théorie, on maintint pour la Haute-Savoie (Chablais, Faucigny) un traité de nature politique qui s'y appliquait antérieurement : on y maintint la neutralité déjà établie au Congrès de Vienne en 1815. La grande majorité des auteurs, et notamment MM. Calvo et Renault critiquent cette solution pratique, et disent que cette neutralité n'a plus de raison d'être, maintenant que le Chablais et le Faucigny font partie intégrante de la France. M. Neumann est presque le seul à approuver la mesure prise en 1860 pour la Haute-Savoie, disant qu'il y avait dans la neutralité de ce pays un caractère de réalité, qui en imposait le maintien. On a parfois aussi motivé le maintien de cette neutralité en disant qu'elle était utile pour assurer le respect de la neutralité de la Suisse. L'article 2 du traité conclu à Turin le 24 mars 1860 était du reste explicite sur ce point, disant que « il est entendu que S. M. le Roi de Sardaigne ne peut transférer les parties neutralisées de la Savoie qu'aux conditions auxquelles il les possède lui-même ».

II. — En cas d'annexion de tout un État civilisé et reconnu, à un autre État également civilisé et reconnu, la question nous paraît plus délicate que celle que nous venons d'examiner plus haut. Nous nous trouvons en effet en présence d'un territoire qui a eu la personnalité internationale, et dont les traités dont il était jusqu'alors tenu n'émanaient que de lui-même. Que deviennent ses traités par rapport à l'État auquel il est annexé ? Il nous semble qu'il y a là une distinction dont il faut tenir compte au sujet du maintien ou de l'abrogation des traités existants.

Y a-t-il annexion à un État un, dont les différentes parties n'ont aucune autonomie dans les relations internationales, notre solution sera la même, pour identité de motifs, que dans le cas d'annexion d'une province cédée par un autre État.

Y a-t-il au contraire annexion d'un État tout entier à une confédération d'États, ou à des États fédéraux, notre solution sera beaucoup moins absolue. Nous tombons dans le cas de formation de confédérations d'États, et d'États fédéraux, dont nous nous proposons de faire plus loin une étude spéciale. L'annexion du Texas aux États-Unis d'Amérique nous servira d'exemple. Nous déciderons alors que forcément, en raison de l'état de choses nouveau, et des intérêts politiques communs, dans les relations extérieures entre l'annexant et l'annexé, les traités politiques doivent prendre fin. Quant à tous les autres traités antérieurs de l'État annexé, nous en affirmerons le maintien, en tant du moins qu'ils n'ont rien d'inconciliable avec le nouveau lien qui vient de se former, et que nous supposons établi et reconnu par les puissances. Ils forment en quelque sorte le patrimoine actif et passif de l'État qui les a faits : les alliances plus ou moins étroites qu'il peut contracter à l'avenir avec des États étrangers ne sauraient l'affranchir de ses obligations antérieures, ou ce serait vraiment là pour lui un moyen bien facile de se libérer. Qu'il respecte d'abord les engagements dont il est tenu : ceux qu'il contracte ensuite ne peuvent porter atteinte aux précédents.

Quant aux traités qui régissaient auparavant l'État démembré comme l'État annexant, sans distinguer entre les différentes sortes d'annexions que nous avons indiquées dans ce chapitre, nous déciderons qu'ils continuent tous à s'appliquer. Chacun de ces États reste en effet la personne morale qu'il était antérieurement à la transformation territoriale qui a eu lieu. La fortune de l'un a augmenté, celle de l'autre a diminué, cela ne peut en rien modifier leurs obligations contractuelles antérieures. L'État démembré se trouve seulement désormais affran-

chi des traités qu'il avait passés spécialement en vue de
la province cédée. Il ne pourrait y avoir exception à notre
principe, qu'au cas où pour l'État annexant comme pour
l'État démembré il y aurait, dans la transformation territoriale accomplie, un fait qui modifierait tellement
l'état de choses antérieur, que la *clausula sic rebus
stantibus* imposerait l'abrogation des traités. Peut-être
pourrait-on soutenir que l'État annexant assume pour
le moment l'obligation de les respecter, mais nous avons
déjà admis l'opinion contraire, à raison des intérêts tout
différents qui peuvent être créés par l'établissement d'un
état de choses nouveau, et à raison de la souveraineté
de l'État annexant qui se trouverait blessée si on lui
imposait des traités auxquels il n'a nullement consenti,
tout ou moins comme souverain de la portion de territoire qu'il vient d'acquérir.

Section III. — Démembrement d'un État.

Un État peut perdre une partie de son territoire par
une proclamation d'indépendance, ou à la suite d'une
guerre malheureuse. C'est ainsi qu'en 1776, la Grande-
Bretagne perdit ses colonies de l'Amérique du Nord. La
Prusse, après le traité de Tilsitt (1807), se voit enlever
presque le tiers de son territoire. En 1815, par le traité
de Vienne, le royaume de Saxe perd la moitié de ses
provinces. Ces États ne sont pas pour cela dégagés de
leurs obligations internationales, car ils conservent leur

situation d'États indépendants. L'Autriche se voit enlever en 1859 sa plus riche province, la Lombardie, et en
1866 la Vénétie, sans que cela diminue en rien la validité de ses anciens engagements. On peut en dire autant
de la France en 1815 et en 1871, et de la Turquie en 1829
et en 1878 (1). Le peuple et le pays conservent-ils leur
individualité, le démembrement du territoire pas plus
qu'un amoindrissement de population ne peut porter
atteinte à ses obligations antérieures, à moins que, se
trouvant démembré d'une façon trop complète, il ne se
voie ainsi changer en même temps, et par le fait même
de l'annexion, tous ses intérêts politiques, économiques
et commerciaux. Nous dirions alors qu'il y a là désormais un État nouveau, nullement tenu des traités économiques et politiques de l'ancien. Seul le respect des
droits réels constitués s'imposerait. Sans doute la cession de territoire influe sur les relations extérieures de
l'État cédant. Les traités qui avaient été passés spécialement en vue du territoire cédé ne sont plus à la charge
de l'État démembré, de même qu'il ne peut plus en tirer
profit. Ils restent propres à la portion séparée si elle a
formé un nouvel État, ou passent à l'État annexant, au
cas où il y a annexion. Ce sont là questions que nous
avons déjà examinées dans les sections précédentes.

(1) De Martens, I, p. 370.

Section IV. — Extinction des États.

Un État peut cesser d'exister à la suite d'événements divers. Il peut, par annexion volontaire ou violente, se trouver absorbé entièrement par un autre État, ou par plusieurs autres dont il devient province ou département. Il y a alors extinction complète de sa personnalité, et nous en avons vu les conséquences sous le titre des annexions. Si, sans perdre entièrement sa personnalité, il se trouve rattaché simplement à d'autres États par un lien fédératif, il n'y a pas là, à proprement parler, extinction d'un État, mais une simple restriction à l'exercice de sa souveraineté. Nous en verrons plus loin les conséquences, lorsque nous examinerons les formations de confédérations d'États et d'États fédéraux.

Si nous supposons purement et simplement l'extinction d'un ou de plusieurs États, il va sans dire, cela est de toute évidence, qu'avec eux expirent tous les droits et toutes les obligations qui résultaient pour eux de traités internationaux. A tout lien juridique, si l'on en excepte toutefois ceux qui ont un caractère de réalité, il faut un sujet actif et un sujet passif : supprimez l'un des deux, et le lien se trouve fatalement rompu. C'est là le cas que nous examinons. Lors de l'extinction de tous les petits États de la péninsule italique, personne ne songea en effet à affirmer le maintien de leurs traités antérieurs. Si, depuis la constitution du royaume d'Italie, les traités de la Sardaigne antérieurs à la création du nouvel état de choses, ont toujours été considérés comme devant s'appliquer à tout le royaume, c'est que l'on a toujours considéré, en pratique tout au moins, qu'il y avait eu là, non pas formation d'un nouvel État, mais annexion à la Sardaigne de tous les autres États italiques. Tout se ramenait donc dès lors à une question d'annexion, qui fut tranchée d'après les principes que nous avons établis plus haut pour le cas d'annexion.

CHAPITRE II

FORMATION DE CONFÉDÉRATIONS D'ÉTATS ET
D'ÉTATS FÉDÉRAUX.

Section I. — Formation de confédérations d'États.

« Lorsque des États veulent, tout en conservant leur autonomie diplomatique, militaire et administrative, s'unir cependant pour la défense de leurs frontières, pour le maintien de l'ordre dans leur territoire, et pour la gestion de certains intérêts communs, ils forment une confédération » (1).

La formation d'une confédération crée en général une personne nouvelle dans les rapports internationaux, mais dans tous les cas n'en supprime aucune. Tous les États membres de l'association ont une représentation commune ordinairement chargée de l'exécution du pacte fédéral à l'intérieur et à l'extérieur, mais chaque État conserve sa personnalité internationale, et, sauf les restrictions contenues dans le pacte fédéral, conserve sa souveraineté intérieure et extérieure. « Il y a, dit Fiore (2), comme un traité d'alliance égale entre puissances souveraines ».

(1) Funck-Brentano et Sorel, p. 39-40.
(2) Pasquale Fiore, tome 1, p. 72, *in fine*.

Tous les États membres de la confédération ont le droit de conclure des traités, et d'envoyer des ambassadeurs à côté de la représentation du pouvoir fédéral, à la seule condition que les transactions internationales qu'ils engagent, ou les instructions qu'ils donnent à leurs agents diplomatiques ne soient pas en contradiction avec les intérêts de l'association (1).

De ce que la confédération n'absorbe pas la personnalité de ses membres, et laisse intacte leur autonomie, il semble résulter que tous les engagements antérieurement contractés par ces États doivent être maintenus et exécutés. Mais pouvons-nous formuler cette proposition comme une règle absolue ? N'y a-t-il pas lieu de distinguer au moins suivant les différentes espèces de traités ?

Nous allons rechercher, en indiquant très sommairement les conditions dans lesquelles se sont formées la Confédération des États-Unis, la Confédération germanique de 1815, et la Confédération suisse, si la transformation résultant de l'entrée dans une confédération peut avoir une influence sur les traités antérieurement contractés par les États qui s'unissent ainsi.

Quand les treize colonies unies de la Nouvelle Angleterre se déclarèrent indépendantes de la mère patrie, et adoptèrent « les articles de Confédération et d'Union perpétuelle », le 15 novembre 1777, il fut décidé que chaque État serait indépendant, mais que la Confédéra-

---

(1) F. de Martens, tome I, p. 317 du *Traité de droit international* (1883).

tion des treize États réunis serait représentée, quant à ses relations extérieures, par un Congrès composé de délégués de chaque État (1). Ce Congrès pouvait, à la majorité des deux tiers, prendre des décisions obligatoires pour tous. Il avait seul le droit de décider de la paix et de la guerre, d'envoyer et de recevoir des ambassadeurs, de conclure des traités et des alliances. Mais les États étaient souverains, et le Congrès avait seulement le pouvoir de requérir l'exécution de ses décisions.

Cet état de choses dura jusqu'en 1787, date à laquelle les États-Unis devinrent un État fédéral. Quels effets avait produit dans les relations internationales la création de cette Confédération? Une nouvelle personne internationale s'était créée, et le Congrès la fit reconnaître par les autres États. Quant aux droits et obligations résultant des traités passés antérieurement à 1777, et qui pouvaient concerner les États-Unis, ils n'étaient certainement transmis ni activement, ni passivement à la Confédération ; et comme les États arrivaient eux aussi à l'indépendance et à la vie internationale, aucun traité politique ou économique ne pouvait leur être opposé. « Les droits et obligations résultant de traités passés par un État, dit Bluntschli (2), ne sont pas nécessairement transmis en même temps que la partie du territoire dont il est fait abandon, même quand cette partie du

(1) Cf. Travers Twiss, *Le droit des gens ou des nations considérées comme communautés politiques indépendantes*, I, Des droits et des devoirs des nations en temps de paix, p. 52.
(2) Bluntschli, p. 81, n° 48.

territoire devient un État indépendant et nouveau. L'ancien État, qui a seul contracté, reste ayant droit et obligé : le nouvel État n'est ni partie contractante, ni successeur de la partie contractante ». Ainsi, les États-Unis de l'Amérique du Nord n'étaient pas obligés par les traités conclus par les rois d'Angleterre avec des États étrangers, à l'époque où les colonies de l'Amérique du Nord faisaient encore partie de l'empire britannique. De traités économiques, pas plus que de traités politiques anciennement conclus, il ne pouvait être question pour un État qui se formait avec des intérêts et un but si différents de ceux de l'ancienne métropole. Sa nouvelle personne était trop différente de l'ancienne pour cela. Une seule espèce de traités pouvait rester en vigueur : les traités de frontière qui délimitaient le territoire.

La Confédération germanique de 1815 avait pour but, d'après l'article 2 de l'acte fédéral, le maintien de la sûreté extérieure et intérieure de l'Allemagne, et de l'indépendance et de l'inviolabilité des États confédérés. Cette confédération avait été formée conformément aux stipulations du traité de paix conclu à Paris le 30 mai 1814, entre les quatre grandes puissances alliées, et la France, et dont l'article 6 était ainsi conçu : « Les États de l'Allemagne seront indépendants et unis par un lien fédératif (1) ». Aux termes de l'acte fédéral de 1815 (art. 11), les États confédérés s'obligeaient à défendre

(1) De Martens, *Nouveau recueil de traités*, tome II, p. 6.

non seulement l'Allemagne dans son intégrité, mais aussi chaque État de l'union, individuellement, dans le cas où il serait attaqué, et ils se garantissaient mutuellement les uns aux autres toutes leurs possessions comprises dans la Confédération. Lorsque la guerre était déclarée par la confédération, aucun de ses membres ne pouvait entamer des négociations privées avec l'ennemi, ni conclure la paix ou un armistice sans le consentement des autres. Les membres de la Confédération, en se réservant le droit de former des alliances, s'obligeaient à ne point contracter d'engagements qui seraient préjudiciables à la sûreté de la Confédération, ou de l'un des États qui la composaient. C'était, par le fait, même, mettre fin à tous les traités antérieurs qui se trouvaient être contraires aux intérêts de la confédération.

L'acte final (*schluss act*) approuvé par la diète de Francfort le 8 juin 1820, après avoir été signé par les représentants de tous les princes souverains et de toutes les villes libres de l'Allemagne, déclarait dans son article 35, que la Confédération avait le droit, comme puissance collective, de déclarer la guerre, de faire la paix, de contracter des alliances, et de négocier des traités, pourvu de ne pas s'écarter du but de son institution, tel qu'il était énoncé à l'article 4 de l'acte fédéral, savoir : sa propre défense, le maintien de l'inviolabilité et de la sûreté extérieure de l'Allemagne, ainsi que de l'indépendance et de l'inviolabilité de chacun des États confédérés (1).

(1) De Martens, *Ibid.*, II, p. 468.

Une diète fédérale, siégeant à Francfort, et dans laquelle
chaque État était représenté par un ministre plénipotentiaire, était chargée de veiller au maintien de la paix et
des relations amicales avec les puissances étrangères, de
recevoir leurs ambassadeurs, de négocier et de conclure
les traités au nom de la Confédération.

Dans ces conditions, quelle était désormais la valeur
des traités que les États confédérés avaient pu contracter antérieurement avec d'autres puissances?

Les traités politiques étaient certainement anéantis,
non pas par la création de la Confédération, car ils auraient pu subsister dans les limites où ils ne portaient
pas atteinte à la sûreté de la Confédération : chaque État,
en effet, conservait sa personnalité et sa souveraineté ;
mais ces traités étaient anéantis par suite du bouleversement général qui avait suivi la chute de Napoléon, et
parce que les traités de 1815 avaient établi un état de
choses nouveau dans toute l'Europe. Lorsque d'ailleurs
des États s'unissent pour former une Confédération
d'États ou des États fédéraux, leurs intérêts politiques,
dans leurs relations extérieures, deviennent désormais
identiques : on ne peut plus guère concevoir désormais
de leur part des traités politiques particuliers à chacun
d'eux.

En ce qui concerne les traités économiques, il n'est
pas douteux qu'ils restaient obligatoires, puisque chaque
État confédéré conservait sa souveraineté. Les intérêts
économiques des différents États de l'union peuvent fort

bien, du reste, ne pas être les mêmes. L'établissement d'une Confédération n'implique pas identité de régime économique. Les États confédérés peuvent trouver avantage à ce que chacun ait ses traités économiques et commerciaux particuliers et indépendants. Ces traités restaient donc obligatoires alors même que l'un des États contractants avait subi une atteinte dans l'intégrité de son territoire. Le royaume de Saxe avait perdu, en vertu du traité de Vienne (1815), la moitié de son territoire, mais il ne fut pas pour cela dégagé de ses obligations internationales.

Quant aux traités réels, ils étaient tous remaniés ou remplacés par les traités de 1815 : sans cela, rien n'autorisait de les tenir pour abrogés.

En résumé, sauf la restriction relative aux traités politiques, que nous venons d'indiquer, la création de la confédération ne dégageait aucun des États qui en faisaient partie des obligations internationales que chacun d'eux avait antérieurement contractées. La confédération ne les entamait pas, et même, les articles 36 et 37 de l'acte final lui permettaient d'obliger les États confédérés à respecter les engagements par eux contractés envers les puissances étrangères. « Dans le cas où une puissance étrangère ferait une plainte contre un État, disait l'article 36, la diète est autorisée à exiger que cet État, s'il a tort, fasse réparation à la puissance étrangère ». « La diète pouvait examiner l'origine des différends qui surgiraient entre un État de la Confédération

et une puissance étrangère, et refuser son aide, si l'État
avait tort, ou s'il avait raison employer ses bons offices
en sa faveur » (art. 37).

En 1818, une confédération d'une nature spéciale,
l'union douanière connue sous le nom de Zollverein, se
forma sous les auspices de la Prusse, entre certains États
de la Confédération. Cette fois, l'union qui était créée ne
constituait pas une nouvelle personne internationale :
elle n'était que l'extension des États qui la composaient,
suivant l'expression de Heffter (1). Elle n'avait donc pas
besoin d'être reconnue par les États étrangers. Quant
aux États de la confédération qui y entraient, ils faisaient, en contractant cette union douanière, une application de leurs droits souverains, contre laquelle les
tiers ne pouvaient élever aucune réclamation, car chaque
État confédéré restait ce qu'il était (2). Les puissances
étrangères ne pouvaient donc refuser de reconnaître une
union de ce genre ; mais elles avaient néanmoins le droit
d'exiger des États qui entraient dans le Zollverein, et
avec lesquels elles avaient des traités, le respect des
conventions antérieurement consenties, quelle qu'en fût
la nature.

La Suisse a formé aussi une confédération, jusqu'en
1848. Reconnue comme État autonome en 1648, elle se
composait alors de treize cantons (3). Tous les cantons
étaient indépendants et avaient le droit de conclure des

---

(1) Heffter, p. 210, § 93.
(2) Heffter, annoté par Geffken, note, p. 210.
(3) De Martens, I, p. 326.

traités, notamment des capitulations militaires par lesquelles ils s'engageaient à fournir des soldats à certaines
puissances. Après la constitution unitaire de la république helvétique (1798), et l'acte de médiation (1803), un
nouveau pacte fédéral conclu le 7 août 1815 réunit
vingt-deux cantons dans une confédération dont la constitution n'a été modifiée en 1848 que pour faire place à
un État fédéral.

La Confédération Helvétique de 1815 avait pour but
la conservation de la liberté, de l'indépendance et de la
sûreté contre les agressions étrangères, et le maintien de
l'ordre et de la tranquillité intérieure des vingt-deux
cantons. Les cantons se garantissaient réciproquement
leurs constitutions politiques et leurs possessions territoriales respectives (1). Les affaires de la Confédération
étaient administrées par une diète composée d'un délé-
gué de chaque canton. Ces délégués se réunissaient successivement à Berne, à Zurich et à Lucerne. La direction
des affaires fédérales était confiée, dans l'intervalle des
sessions, au canton où la diète devait s'assembler. La
diète avait seule le droit de déclarer la guerre, et de
conclure des traités de paix, d'alliance et de commerce
avec les États étrangers. Les cantons conservaient cependant le droit de conclure des traités, pourvu qu'ils ne
fussent pas préjudiciables aux droits de la Confédération, et des autres cantons (2).

(1) Sir Travers Twiss, I, p. 60.
(2) Cf. Calvo, *Dr. int.*, 4ᵉ éd., tome I, p. 189.

Quant aux traités existants, la création de la Confédération portait atteinte à tous ceux qui avaient une portée politique, et ceci à raison du fait que nous avons signalé précédemment, à savoir que les traités de 1815 créaient un état de choses nouveau, et pour la Suisse notamment, garantissaient la neutralité perpétuelle (20 novembre 1815) (1).

Les traités économiques et les traités réels qui avaient été conclus séparément par les cantons avec les puissances étrangères, en vertu du pacte fédéral antérieur à 1798, et qui subsistaient encore après les traités de 1815, devaient être maintenus et exécutés) Ne portant pas atteinte au nouveau lien fédératif, il n'y avait aucune bonne raison pour les considérer comme abrogés. Ils avaient été faits valablement : rien ne s'opposait à leur accomplissement ; on devait les observer jusqu'à leur expiration normale.

Ainsi donc, des trois exemples que nous venons de rappeler sommairement, il résulte que la confédération, ne faisant pas disparaître la souveraineté des États qui la composent, laisse subsister à la charge de ses membres tous les traités qui les liaient antérieurement aux puissances étrangères.

Si nous envisageons maintenant la situation par rapport aux États qui ont contracté avec ceux qui désormais entrent dans la confédération, il nous semble que les

---

(1) Nous nous réservons d'ailleurs d'étudier plus loin les conséquences, sur les traités préexistants, de l'établissement de la neutralité perpétuelle.

traités réels, de même que ceux qui ont pour objet des affaires d'intérêt général, telles que conventions postales, télégraphiques, téléphoniques, ou celles qui auraient pour objet l'abolition de la course, les soins à donner aux blessés en temps de guerre, etc. doivent continuer à rester en rigueur. Il doit en être de même des traités d'extradition, d'exécution des jugements étrangers, d'assistance judiciaire.

Les traités économiques nous paraissent offrir une grande analogie avec les contrats synallagmatiques du droit privé. Comme eux, ils forment des liens indissolubles entre les contractants. L'expiration du terme, ou la dénonciation peuvent donc seuls y mettre fin. Jusquelà, chacune des parties peut en exiger l'accomplissement.

Quant aux traités politiques, il faut distinguer suivant qu'ils sont ou non contraires au but de la confédération. N'y sont-ils pas contraires, ils continuent à produire tous leurs effets jusqu'à expiration ou dénonciation régulière. Mais les traités politiques, contraires au but de la confédération, doivent disparaître pour lui permettre de prendre naissance, un même État ne pouvant tout à la fois tendre vers des buts contraires. Le futur confédéré qui en est tenu doit commencer par les dénoncer ou en obtenir la résiliation amiable. Quant à l'autre partie, ou elle accepte la dénonciation, et les traités se trouvent rompus ; ou elle s'y refuse, et alors conflit. Elle est d'ailleurs en droit d'opposer un refus aux proposi-

tions qui lui sont faites, et d'exiger l'exécution du traité
jusqu'à son expiration ou sa dénonciation régulière.
Mais en fait, la guerre étant la seule sanction de son
droit, elle ne pourra le faire valoir que si elle se trouve
la plus forte.

Section II. — Formation d'États fédéraux.

« Lorsque les États souverains veulent obtenir tous
les résultats que donne une confédération, mais prétendent en outre donner à leur union la force et l'unité d'action d'un État plus homogène, elles forment un État
fédératif » (1).

Ce qui distingue l'État fédéral de la confédération
d'États, c'est que les États qui le composent abdiquent,
tout au moins dans les limites fixées par le pacte fédéral, leur souveraineté extérieure, au profit d'un État
central qui est placé à leur tête par le pacte d'union.
Les États confédérés conservent leur gouvernement intérieur, mais ils ne sont plus individuellement indépendants (2) au point de vue international, si ce n'est sur
les points où le pacte fédéral a fait des réserves. Le pouvoir central a seul, en principe, le droit de diriger les
relations extérieures et de conclure des traités. La constitution fédérale détermine les droits qui sont assignés
à ce pouvoir central : tous les autres droits restent aux

(1) Funck-Brentano et Sorel, p. 40.
(2) Cf. Fiore, I, p. 73.

États qui forment la confédération (1). Mais, dans tous les cas, il y a un gouvernement de la fédération et une nationalité fédérale qui se superpose à la nationalité de chaque État.

Quels effets produit, sur les traités antérieurement consentis par les États confédérés, la constitution d'un État fédéral ?

En 1783 le Congrès de la confédération des États de l'Amérique du Nord éprouva quelques difficultés pour faire mettre à exécution par les États certaines clauses des traités avec l'Angleterre, notamment pour le payement de créanciers anglais et pour l'établissement de taxes douanières. Des conflits dangereux pour l'union pouvaient s'élever. On jugea utile de réviser la constitution et de resserrer les liens de fédération. En 1787, un nouvel acte constitutionnel fut voté par le Congrès, puis ratifié par les États. Le préambule de cet acte était ainsi conçu : « Nous, le peuple des États-Unis, en vue de former une union plus parfaite, d'établir la justice, d'assurer la tranquillité domestique, de pourvoir à la défense commune, d'accroître le bien général, et d'assurer à nous-mêmes et à notre postérité les bienfaits de la liberté, ordonnons et établissons la présente constitution pour les États-Unis de l'Amérique » (2).

Désormais, l'État n'est plus formé d'une réunion d'autres États : c'est le peuple tout entier qui forme l'union.

(1) Heffter, p. 54, dernière note.
(2) De Martens, *Recueil de traités*, IV, p. 288.

Un Congrès composé d'un Sénat et d'une Chambre de
représentants doit veiller à la défense commune et au
bien-être général des États-Unis, régler le commerce avec
les nations étrangères, déclarer la guerre, etc. Le président de la République est l'organe de l'union dans ses rapports avec les puissances étrangères. Il est seul autorisé à
faire des traités et à nommer des ambassadeurs et des consuls (1), quoi qu'il soit tenu, en ces occasions, de prendre l'avis et d'obtenir l'assentiment du Sénat ; et ce n'est
là, d'ailleurs, qu'une règle d'administration intérieure,
qui ne regarde pas les nations étrangères, attendu qu'elles ne peuvent avoir de communications qu'avec le président (2). Aucun État de l'union ne peut former de confédération, ni conclure des conventions ou des pactes
avec un autre État de l'union ou avec une puissance étrangère, ni faire la guerre à moins d'être envahi, ou de se
trouver dans un danger imminent, n'admettant pas de
retard (3).

L'acte de confédération de 1778 laissait à chaque
État sa souveraineté, sa liberté et son indépendance ; la
constitution de 1787 ne reconnaît que des États réunis
à la Grande République par un acte fédéral, jouissant
d'une certaine autonomie, et se gouvernant à l'intérieur
de leurs limites respectives en vertu d'un droit public
particulier (4), mais n'ayant plus aucune indépen-

(1) Heffter, p. 475, note 3, *in fine*.
(2) Calvo, IV, p. 196-197.
(3) Travers-Twiss, I, p. 53.
(4) Calvo, IV, p. 389.

dance au point de vue des rapports internationaux.

Quels effets produisait sur les traités existants cette transformation des États de l'Union?

Pour les traités politiques, il ne pouvait y avoir de doute : les conventions internationales ne peuvent subsister qu'autant que se maintient l'indépendance extérieure des États contractants. « L'obligation qui résulte des traités, dit Calvo, se fonde sur le contrat même et sur les relations mutuelles des parties contractantes. Un changement fondamental apporté dans ces relations influe nécessairement sur l'accomplissement de cette obligation ; du moment donc que ces relations cessent, les effets du traité cessent aussi » (1).

Mais il n'en est pas de même des traités ayant pour objet des questions d'ordre économique ou financier. Un État qui devient partie d'un État fédéral, ne modifie pas ses créances et ses dettes. Il ne peut pas non plus se dérober aux conséquences des conventions synallagmatiques par lui consenties. Les traités économiques et les traités réels seront donc maintenus. En fait, l'application de cette règle serait peut-être difficile, à raison du soin jaloux avec lequel les Etats-Unis se réservent le règlement des relations internationales. « Les États-Unis de l'Amérique du Nord, dit M. de Martens, ont la prétention de diriger les affaires extérieures de tous les États américains. On connait l'aphorisme « l'Amérique aux Américains ». Les États-Unis

(1) Calvo, I, p. 247, 4ᵉ édition, 1887.

l'ont modifié depuis longtemps de la manière suivante :
« l'Amérique appartient aux Américains du Nord, aux
Yankees » (1). Le gouvernement de Washington va plus
loin : « il ne reconnaît même pas aux États européens le
droit de conclure entre eux des accords relatifs aux ar-
tères du commerce universel et des relations générales
situées en Amérique, et qui sont d'une importance particulière pour les puissances ayant des possessions ou
des colonies dans le Nouveau Monde » (2). D'autre part,
les puissances étrangères qui pourraient être lésées par
l'entrée d'un État dans un État fédéral ne peuvent guère
que protester, ce qui réservera provisoirement leurs
droits, mais ce qui ne préjudiciera en rien à la validité
ou à l'exécution du traité passé entre l'État fédéral et son
nouvel adhérent. Néanmoins, le principe n'en reste pas
moins évident, et nous en trouvons une application pratique à l'occasion de l'annexion du Texas aux États-
Unis.

Étant donné le maintien des conventions existantes,
malgré la transformation dont le Texas allait être l'objet, la France et l'Angleterre, lorsque le Texas eut décidé son annexion aux États-Unis, étaient fondées, dit
Calvo, à déclarer que cette détermination ne pouvait
dispenser le nouvel État, agrégé à la fédération du Nord
de l'Amérique, de remplir les engagements financiers,

---

(1) F. de Martens, *Traité de droit international*, traduit du russe par Alfred
Léo, 1883, p. 399.
(2) De Martens, I, p. 400, *ibid.*

et d'observer fidèlement les traités commerciaux qu'il avait contractés précédemment avec elles (1). Le gouvernement britannique donna ordre, en conséquence, à son ministre d'appeler l'attention du gouvernement texain sur les traités qui existaient entre la Grande-Bretagne et le Texas, et de lui rappeler que la renonciation volontaire à la souveraineté faite par le gouvernement et le peuple du Texas n'annulait point ses traités. Les stipulations de ces traités devaient au contraire continuer à être observées, tout comme si le Texas était demeuré État indépendant. De semblables représentations furent faites au nom de la France par son chargé d'affaires, M. de Saligny. Mais il n'y fut pas donné suite. La déclaration resta donc platonique.

A l'occasion de l'État fédéral, qui a remplacé en 1866 la confédération germanique de 1815, nous retrouvons les mêmes principes.

Après Sadowa, le traité de Prague (24 août 1866) prononça la dissolution de la confédération germanique, et l'Allemagne fut séparée en trois tronçons : 1° la confédération de l'Allemagne du Nord, sous l'hégémonie de la Prusse ; 2° les États de l'Allemagne du Sud, indépendants, mais en réalité liés à la Prusse par des traités d'alliance offensive et défensive, et de plus compris dans une union douanière générale : 3° l'Autriche, désormais isolée.

L'Allemagne du Nord formait dès lors un État fédé-

(1) Calvo, 1, p. 247.

ral sous la présidence du roi de Prusse. Celui-ci avait droit, en cette qualité, de représenter la confédération dans les relations internationales, de déclarer la guerre, et de faire la paix au nom de la confédération, de conclure des alliances et des traités avec les États étrangers, d'accréditer et de recevoir les envoyés diplomatiques. Les postes et télégraphes devenaient un service public commun à tous les États confédérés, sous la direction de la présidence fédérale (1).

Que devenaient les traités contractés par les divers États avec les puissances étrangères ?

Assurément ils subsistaient, mais dans les limites où le permettait le pacte fédéral. Les États conservaient d'ailleurs dans des limites fort restreintes, il est vrai, le droit de conclure séparément certains traités : c'était reconnaître implicitement que tous les traités de cette nature qui existaient alors continuaient à produire leurs effets.

Cette constitution de l'Allemagne en État fédéral (14 juin 1867) ne dura pas longtemps ; elle n'était que l'acte préparatoire d'une union plus complète des États constituants, en une confédération nouvelle, sous le nom d'empire allemand, dit Travers Twiss (2). C'est à Versailles, le 18 janvier 1871, que le roi de Prusse fut proclamé par les princes assemblés, empereur allemand (*deutscher kaiser*). La constitution du nouvel empire fut

---

(1) Pasquale Fiore, I, p. 192, note 1.
(2) Travers Twiss, I, p. 77.

achevée le 16 avril 1871. « Sa Majesté le roi de Prusse, au nom de la Confédération de l'Allemagne du Nord, dit le préambule de cette constitution ; S. M. le roi de Bavière, S. M. le roi de Wurtemberg, S. A. S. le grand-duc de Bade, ont contracté une union perpétuelle pour la protection de leurs territoires, comme aussi pour la prospérité du peuple allemand ».

Par l'article 11 de la constitution, la présidence de l'empire est déclarée appartenir au roi de Prusse, qui porte le titre d'empereur allemand. Ses fonctions consistent à représenter l'empire, au point de vue international, à déclarer la guerre, à conclure la paix au nom de l'empire, à contracter des alliances, et à faire des traités avec les puissances étrangères, à accréditer et à recevoir des ambassadeurs. Cependant, le consentement du conseil fédéral est nécessaire pour une déclaration de guerre au nom de l'empire, à moins qu'une agression n'ait lieu sur le territoire ou sur les côtes de la Confédération. De plus, dans le cas où les traités avec les États étrangers peuvent avoir trait à des affaires qui, d'après l'article 4, appartiennent à la juridiction de la législation impériale, le consentement du conseil fédéral est exigé pour la conclusion de ces traités, et la sanction du Reichstag, pour leur mise en vigueur (1).

L'empire allemand présente plusieurs caractères d'un État fédéral, mais il en diffère en ce que les États confédérés ont conservé le droit d'envoyer des agents di-

_____

(1) Travers Twiss, I, p. 77-78.

plomatiques à l'étranger, et de conclure des traités séparément. La constitution de 1871 supprime cependant
la représentation consulaire des États particuliers, qu'elle
remplace par des consuls d'empire. Mais elle est muette
sur la représentation diplomatique et comme il est de
règle que les États confédérés conservent toujours les
droits qui ne leur sont pas retirés par le pacte fédéral,
il en résulte que « les États de l'empire, dit Heffter, ont
conservé le droit de légation, pour les affaires qui ne
sont pas de la compétence du pouvoir central, et s'envoient même entre eux des représentants diplomatiques.
C'est une anomalie fondée sur la nature d'un État fédéral formé par des États monarchiques » (1).

Quant au droit pour les États confédérés de conclure
des traités, la constitution n'en parle pas non plus ; et
l'on eût pu douter que ce droit leur fût conservé, si la
Prusse elle-même n'avait donné l'exemple d'une négo-
ciation d'un traité particulier. En 1885, M. de Bismark,
désireux d'être agréable à la Russie, négocia avec elle
une convention d'extradition pour crimes politiques.
Mais il n'était pas certain de trouver une majorité au
Reichstag : il n'hésita pas alors à conclure au nom de la
Prusse un traité d'extradition par lequel la Prusse s'engageait à remettre à la Russie les réfugiés pour crimes
politiques. Depuis lors, la Bavière a suivi cet exemple.
Les États confédérés peuvent donc, encore aujourd'hui,

_____

(1) Heffter, annoté par Geffken, p. 475, note 3, _in fine._

négocier et conclure directement des traités avec des puissances étrangères.

Il résulte de ce qui précède, que la nature de l'union formée sous le nom d'empire allemand est assez difficile à préciser. « Le nouvel empire allemand est resté jusqu'à présent un sujet de discussion entre les juristes. La plupart des auteurs le considèrent comme un État fédéral ; mais d'autres soutiennent qu'il est une confédération d'États ayant conservé dans une notable mesure leur autonomie intérieure et internationale » (1).

Quoi qu'il en soit de cette dernière question, puisque les États confédérés ont conservé le droit de négocier et de conclure isolément certains traités, nous pouvons affirmer que tous les traités conclus entre ces États et les puissances étrangères, antérieurement à la création du lien fédéral, et qui ne sont pas contraires aux droits de la confédération, doivent être maintenus et exécutés. C'est une solution qui paraît implicitement résulter de la résolution prise par M. de Bismark de négocier spécialement de ces sortes de traités au nom de la Prusse, et de le permettre à la Bavière, et par là même aux autres États allemands.

En ce qui concerne spécialement les rapports entre la France et les divers États confédérés, nous devons mentionner cependant que tous les traités économiques antérieurs à la guerre de 1870 ont été considérés comme rompus par le fait même de la guerre, en vertu de l'article 11

(1) De Martens, 1883, tome 1, p. 320, *in fine*, et 321.

du traité de paix du 10 mai 1871. « Les traités de commerce entre les différents États de l'Allemagne ayant
été annulés par la guerre, le gouvernement français et
le gouvernement allemand prendront pour base de leurs
relations commerciales le régime du traitement réciproque sur le pied de la nation la plus favorisée » dit
cet article.

Mais en vertu d'une convention additionnelle signée
à Francfort le 11 décembre 1871, il est dit (art. 18) que
l' « on convient de remettre en vigueur les différents
traités et conventions existants entre la France et les
États allemands, antérieurement à la guerre, le tout sous
réserve des déclarations d'adhésion qui seront fournies
par les gouvernements respectifs lors de l'échange des
ratifications de la présente convention. Les conventions
postales sont réservées pour un arrangement ultérieur ».

Les ratifications ne se font pas longtemps attendre.
La Prusse, le 21 janvier 1872, la Bavière, le 1er janvier
1872, la Saxe, le 7 janvier 1872, le Wurtemberg, le
7 janvier 1872, le Grand-Duché de Bade, le 1er janvier
1872, la ville libre de Hambourg, le 8 janvier 1872, la
ville libre de Brême, le 2 janvier 1872, celle de Lubeck,
le 8 janvier 1872 donnent leur adhésion à la remise en
vigueur des traités existant avant la guerre entre eux et
la France, en vertu de la convention additionnelle du
11 décembre 1871, en ce qu'ils n'ont rien de contraire
aux stipulations internationales mentionnées dans le
traité de paix. Mais si une question de fait s'oppose à

l'application de la règle, le principe n'en reste pas moins intact.

Les traités politiques contractés antérieurement à la création d'un État fédéral par les divers membres de cette union ne subsistent que dans les limites où sont maintenues leur souveraineté et leur indépendance internationales, sauf cependant en ce qu'ils ont de contraire au pacte fédéral.

Quant aux traités économiques, ils doivent être maintenus, car une partie ne peut échapper aux conséquences d'une obligation synallagmatique par une renonciation volontaire de sa souveraineté. Le caractère même des traités réels empêche de les considérer comme abrogés.

La Suisse forme un État fédéral depuis 1848. A l'heure actuelle elle est régie par la constitution de 1874 (1) qui a révisé et développé la constitution fédérale de 1848. Aux termes de l'article 2 de cette constitution, « la Confédération a pour but d'assurer l'indépendance de la patrie contre l'étranger, de maintenir la tranquillité et l'ordre à l'intérieur, de protéger la liberté et les droits des confédérés, et d'accroître leur prospérité commune ». En vertu de l'article 3, « les cantons sont souverains, en tant que leur souveraineté n'est pas limitée par la constitution fédérale, et comme tels ils exercent tous les droits qui ne sont pas délégués au pouvoir fédéral ». L'article 8 donne à la Confédération seule le droit de déclarer la guerre, et de conclure la paix, ainsi que de faire

(1) *Annuaire de législation étrangère*, 1875.

avec les États étrangers des alliances et des traités, notamment des traités de commerce, et de régler les droits
de douanes sur les importations étrangères. Il est défendu aux cantons de conclure des alliances ou des
traités d'un caractère politique, les uns avec les autres ; mais ils peuvent conclure entre eux des conventions touchant des questions de législation, d'administration et de justice, sous réserve de l'approbation de
l'autorité fédérale. Les cantons conservent le droit de
conclure avec les États étrangers des traités sur des objets concernant l'économie politique, les rapports de
voisinage et de police, pourvu qu'ils ne renferment rien
de contraire aux droits de la confédération et des autres
cantons (art. 9). Les rapports officiels entre les cantons
et les gouvernements étrangers ou leurs représentants
ont lieu par l'intermédiaire du conseil fédéral. Cependant les cantons peuvent correspondre directement avec
les autorités inférieures et les employés d'un État étranger, lorsqu'il s'agit des objets mentionnés à l'article 9
(art. 10). Il ne peut être conclu de capitulations militaires (art. 11).

La Suisse donne l'exemple d'un État fédéral parfait,
et d'une évolution qui se produit généralement, et qui
consiste à accentuer progressivement le caractère fédéral pour arriver à une centralisation plus complète.
« La fédération suisse, telle qu'elle est constituée aujourd'hui, diffère essentiellement de ce qu'elle était avant
la révolution française de 1789, car alors elle n'était en

réalité qu'une alliance en vue de la défense commune, contre les attaques du dehors, laissant à chaque canton le droit de conclure des traités avec les autres cantons ou avec les États étrangers, tandis que par la constitution de 1815, et encore plus par celles de 1848 et de 1874, chaque canton a perdu entièrement le caractère et la position d'État séparé indépendant » (1).

Quelle est la valeur des traités contractés avant 1848 par les divers cantons avec les puissances étrangères ?

Nul doute que les conventions concernant les questions d'économie politique et les relations de voisinage et de police ne soient maintenues, puisque les cantons ont encore le droit de conclure de semblables conventions. Les traités de commerce et de douanes devaient selon nous continuer à produire leurs effets jusqu'à leur dénonciation ou l'arrivée de leur terme. Bien que ces traités ne puissent être conclus que par le pouvoir fédéral, les cantons n'ont pu, ainsi que nous l'avons dit déjà au sujet du Texas, se libérer de leurs obligations, au moyen d'une renonciation à leur souveraineté. Quant aux traités politiques, il faut se rappeler que la Suisse a été déclarée neutre par les traités de 1815, et que cette neutralité existe encore.

Pour terminer ce chapitre, nous pouvons formuler les deux propositions suivantes :

La confédération d'États laissant subsister la souveraineté extérieure des États, n'altère en rien les traités

(1) Calvo, I, p. 193.

antérieurement contractés par ces États. Les traités politiques seuls pourront parfois être atteints : mais quant à tous les autres traités, leur maintien nous paraît obligatoire tant qu'ils n'ont rien de contraire à l'établissement de la confédération, que nous supposons admise par les autres puissances.

La formation d'un État fédéral, entraînant de la part des États confédérés abdication de leur indépendance internationale, emporte extinction de tous les traités politiques, mais évidemment laisse subsister tous les traités économiques, les traités d'utilité générale et les traités réels.

CHAPITRE III

Section I. — Formation d'unions personnelles.

Deux ou plusieurs États indépendants peuvent être unis ensemble sous un souverain commun, sans que cette circonstance amène la perte de leur individualité, si du moins les États ont réalisé l'union selon les principes de légalité complète des droits.

« L'union personnelle, dit M. de Martens, ne détruit pas la personnalité internationale de chacun des États ainsi unis. Ils peuvent avoir une représentation différente au dehors, conclure séparément et librement des traités, même se faire mutuellement la guerre (1) ». Ces États sont unis seulement dans la personne du souverain commun : chacun d'eux se gouverne d'après ses propres lois ; chacun a une organisation distincte ; ils sont indépendants l'un et l'autre. La souveraineté de chaque État demeure sans altération, mais un seul prince est à la tête des deux États (2).

Les cas d'union personnelle sont rares à notre époque:

---

(1) De Martens, tome I, p. 322.
(2) Pasquale Fiore, *Nouveau droit internationa public*, 1868, tome I p. **188**, note 1.

ils étaient plus fréquents au moyen âge. Sans remonter aussi loin, nous voyons en 1520 le roi d'Espagne, Charles V, élu empereur d'Allemagne, et réunissant sous son sceptre l'Espagne et l'Allemagne, jusqu'au jour où il abandonna les deux trônes (1).

« Le royaume de Grande-Bretagne, et le royaume de Hanovre, dit Travers Twiss (2), ont formé de 1714 à 1838, par le lien d'un souverain commun, pendant les règnes successifs de cinq monarques de la maison de Hanovre, une union personnelle d'espèce accidentelle, dépendant d'une coïncidence par laquelle les deux couronnes se trouvaient échues à une seule et même personne, en vertu du droit intérieur de succession dans l'un et dans l'autre de ces royaumes ». A l'avènement de la reine Victoria, cette union personnelle cessa, l'Angleterre préférant dans l'ordre successoral les femmes de la ligne directe et régnante aux mâles de la ligne collatérale ; le Hanovre n'appelait les femmes au trône qu'à défaut de mâles dans toutes les lignes. Pendant toute la durée de cette union, les deux pays avaient le même souverain, mais ils n'avaient pas les mêmes intérêts.

Le royaume des Pays-Bas et le grand-duché de Luxembourg ont été soumis, jusqu'en 1891, au même souverain ; mais l'union personnelle était poussée jusqu'aux dernières limites, car il y avait deux représentants di-

---

(1) De Martens, tome I, p. 322.
(2) Travers Twiss, tome I, p. 65.

plomatiques, et il n'y avait rien de commun entre leurs gouvernements.

Il n'y a plus aujourd'hui qu'un seul exemple d'union personnelle : c'est l'union de la Belgique avec l'État fondé en Afrique par l'Association internationale du Congo. Le 30 avril 1885, les Chambres belges ont autorisé le roi Léopold à devenir le chef de cet État. Cette union est viagère. Les deux États sont neutres.

Quelle est l'influence de la formation d'une pareille union sur les traités consentis antérieurement à l'union, par l'un des États qui la composent?

Il suffit de se rappeler que lorsqu'un État choisit pour souverain, ou reçoit par succession le souverain d'un autre État, il ne perd pas pour cela son existence indépendante ; il n'y a donc pas dans ce cas remplacement d'un État par un autre. Chacun des États ainsi réunis conserve ses relations propres avec les autres États (1). Les traités antérieurs ne subissent par conséquent aucune altération.

Section II. — Formation d'unions réelles.

L'union réelle suppose plusieurs États ayant des lois fondamentales et des institutions politiques distinctes, une souveraineté intérieure séparée, mais unis ensemble par un lien perpétuel, sous le même souverain. La souveraineté extérieure de chaque État est absorbée par la

(1) Bluntschli.

souveraineté générale de la communauté ; ils forment
une unité politique.

Ce qui caractérise l'union réelle, c'est qu'elle est perpétuelle, et qu'elle ne dépend pas du maintien de telle
ou telle dynastie. Les rapports des pays ainsi unis peuvent être plus ou moins étroits : c'est une question de
droit public interne. Les États unis sous forme d'union
réelle peuvent jouir d'une complète autonomie intérieure : mais, au point de vue des relations extérieures,
ils constituent un tout : les divers pays n'en font qu'un.
Il en est ainsi pour l'Autriche-Hongrie, et pour la Suède
et la Norwège.

L'union du royaume de Hongrie avec les États allemands de la maison de Habsbourg-Lorraine sous un
seul et même souverain est une union d'un caractère
permanent, parce que l'acte de 1722, qui règle la succession à la couronne de Hongrie, en étendant l'ordre
de succession aux descendants en ligne féminine de Ro-
dolphe de Habsbourg, a rendu la loi de succession hon-
groise identique à la loi de succession dans les États
germaniques de la maison de Habsbourg-Lorraine, de
sorte que les deux couronnes sont inséparables, et doivent nécessairement échoir à une seule et même personne (1). Avant 1867, l'empereur d'Autriche pouvait
très bien conclure des conventions internationales n'en-
gageant pas la Hongrie. Mais depuis que l'Autriche est
sortie de la Confédération germanique, et en vertu de

(1) Travers Twiss, I, p. 45.

la constitution de 1867, l'union de l'empire d'Autriche avec le royaume de Hongrie a davantage le caractère d'une union réelle. Actuellement, les relations extérieures des deux pays sont dirigées par un seul ministre des affaires étrangères.

L'union actuelle de la Suède et de la Norwège date de 1815. Dans l'acte du 31 juillet, 6 août 1815, il est décidé que le royaume de Norwège formera un royaume libre et indépendant uni à la Suède sous un seul monarque, chaque royaume conservant son régime national propre, mais les deux royaumes ayant un seul et même régime international. C'est le roi de Suède qui a le pouvoir, au nom des deux royaumes, de déclarer la guerre, de faire la paix, de conclure des alliances, d'accréditer et de recevoir des ambassadeurs. Pour toutes les questions de guerre et de paix, il est assisté par un conseil d'État extraordinaire composé de Norwégiens et de Suédois. Toutefois, chaque royaume a son pavillon de commerce particulier, et depuis 1844, un drapeau spécial pour sa marine militaire. Mais ces deux drapeaux spéciaux sont reconnus par les nations étrangères comme ayant une valeur internationale identique (1). La majorité des auteurs, Bluntschli, Heffter, de Martens, Klüber, classent l'union de la Suède et de la Norwège parmi les unions réelles. Wheaton en fait une union personnelle. Mais, comme elle présente le caractère de perpétuité, même après l'extinction de la dynastie ré-

(1) Travers Twiss, I, p. 49.

gnante, nous croyons qu'il s'agit ici d'une union réelle.

Quelle doit être l'influence de la création d'une union de ce genre sur les traités antérieurs à cette union ?

Si nous recherchons l'effet de l'union sur la Suède et la Norwège, nous voyons que la Norwège est cédée à cette époque (1814) par le Danemark. Il s'agit donc en l'espèce d'une province qui se détache d'un État, pour se rattacher à un autre par un lien moins étroit, et nous avons vu plus haut que le démembrement d'un État ne porte en principe pas atteinte à ses traités, mais que ceux-ci cessent de s'appliquer à la portion de territoire détachée.

S'il y avait eu annexion de la Norwège à la Suède, nous dirions, conformément aux principes que nous avons déjà exposés, que les traités de l'État annexant devaient s'appliquer au territoire annexé. Mais la Norwège se trouvait rattachée à la Suède, non par une annexion, mais par une union réelle.

En cas d'annexion, il y a absorption par l'État annexant du territoire annexé, qui devra subir ses lois et ses traités. Dans l'union réelle, il y a égalité de droits entre les États qui la composent. Aucun des États de l'union n'a autorité sur les autres ; pour qu'une loi ou un traité soit applicable à la totalité de l'union, il faut qu'il y ait accord de tous ses membres. Aucun des traités que la Suède avait conclus antérieurement à l'union ne devait donc s'appliquer à la Norwège.

Quant à la Suède, ses traités continuent à subsister,

sauf en ce qu'ils ont de contraire aux intérêts de l'union. Celle-ci fut décidée dans les traités de 1815, où tous les États de l'Europe furent représentés ; ceux-ci ne pouvaient, tout en reconnaissant cette union, exiger le maintien de traités qui y étaient contraires.

La Norwège ne se trouvait donc liée à cette époque par aucun traité politique ni économique.

Ajoutons qu'à l'heure actuelle, le parti libéral norwégien réclame l'autonomie de son service diplomatique. Il voudrait obtenir la nomination d'un ministre des affaires étrangères norwégien, qui agirait à côté du ministre des affaires étrangères suédois, et de concert avec lui.

Si ce projet aboutissait, la Norwège acquerrait une existence internationale personnelle qu'elle n'a jamais eue encore. A l'heure actuelle, elle n'a pas d'existence internationale en dehors de la Suède.

Quant à l'Autriche-Hongrie, la question de survie des traités passés antérieurement à l'union réelle n'existe pas. En effet, la Hongrie a été réunie à l'Autriche sous Maximilien II en 1570. La Hongrie n'étant alors qu'une province autrichienne n'avait pas la capacité nécessaire pour conclure des traités. L'Autriche, ayant seule la souveraineté, avait seule aussi cette capacité, et par suite, tout traité passé par l'Autriche s'appliquait également à la Hongrie. Les Hongrois ne cessèrent de protester contre cet état de choses, revendiquant leur autonomie. Suivant les circonstances, l'Autriche fait sentir plus ou moins son autorité, tantôt concédant aux Hongrois quelques libertés, tantôt les leur retirant. Une patente impériale, promulguée en Autriche le 20 octobre 1860, substitue au gouvernement absolu une monarchie constitutionnelle, et à l'ancien système de centralisation à outrance, une certaine décentralisation administrative. Les Hongrois ne jugent pas les concessions suffisantes : ils réclament l'autonomie complète, consentant seulement à l'union personnelle avec l'Autriche. Cette patente souleva de telles difficultés, qu'elle fut suspendue en 1865, et qu'une nouvelle constitution fut promulguée en 1867. Cette nouvelle constitution consacrait l'autonomie intérieure de la Hongrie. Quant aux relations extérieures de l'Autriche et de la Hongrie, elles restent concentrées entre les mains d'un seul ministre des affaires étrangères, résidant à Vienne.

Qu'il y ait union réelle ou union personnelle, cette union ne date que de 1867. Les traités consentis jusqu'alors par l'Autriche continuent à s'appliquer aux deux pays jusqu'à dénonciation ou expiration. Quant aux traités passés depuis 1867, ils sont également obligatoires pour les deux pays, à moins qu'il n'y ait stipulation contraire.

En résumé, la création d'une union personnelle entre deux États ne peut en rien modifier les traités antérieurs à cette union, puisque l'indépendance et la souveraineté restent les mêmes, et que c'est un lien temporaire et accidentel qui réunit les divers États.

Quant à l'union réelle, elle donne aux États réunis sous le même souverain une personnalité unique, et des intérêts communs au point de vue de la souveraineté extérieure, à l'exception des rapports purement économiques. Pour déterminer si les États qui s'unissent conservent ou non leur nationalité individuelle, et les relations internationales qui s'y rattachent, il est nécessaire d'examiner les conditions générales qui servent de base à l'union contractée. Désormais, les intérêts politiques des États de l'union se trouvent étroitement liés. Il n'y a plus qu'une seule et même direction politique dans les affaires internationales. Les traités politiques de chacun d'eux doivent par ce fait fatalement prendre fin. Les traités de frontières continuent évidemment toujours à s'appliquer.

CHAPITRE IV

Deux procédés différents peuvent donner naissance à un État mi-souverain.

Ou un État jusqu'alors souverain et indépendant devient mi-souverain en perdant une partie de sa souveraineté ; ou une province peut se détacher d'un État en acquérant une partie des droits des États souverains. Dans le premier cas, il y a marche vers la dépendance, et dans le second marche vers l'état de liberté. C'est ainsi que la Serbie et la Roumanie jusqu'alors mi-souveraines sous la suzeraineté de la Turquie, furent par le traité de Berlin de 1878 reconnues souveraines et indépendantes. Nous avons vu dans la section 1ᵉ du chapitre Iᵉʳ les conséquences de ce fait sur les traités qui régissaient antérieurement ces deux pays.

Au point de vue politique, il semble bien que le nouvel État mi-souverain reste sous la suzeraineté de l'État démembré, et ne peut désormais se déclarer affranchi des traités politiques autrefois passés par celui-ci. Le nouvel État n'est en quelque sorte qu'un fils mineur, non encore affranchi de la puissance paternelle. De même qu'un père doit protection à son enfant, de même l'État

démembré doit encore veiller sur la portion de son territoire qui se détache de lui. L'État vassal se trouve-t-il
menacé, c'est à l'État son suzerain de le défendre. Il
est dès lors de toute justice que si l'État suzerain se
trouve attaqué de son côté, il puisse faire appel à son
vassal. L'Etat démembré restant tenu de ses anciens
traités politiques, l'Etat vassal lui doit assistance pour
l'aider à accomplir ces traités : autant vaut dire qu'il en
reste lui-même tenu pour sa part contributoire. Au point
de vue politique, on ne concevrait guère d'ailleurs l'Etat
suzerain et l'Etat vassal travaillant et contractant dans
des buts différents.

Lorsqu'un pays devient mi-souverain, qu'advient-il
des traités qui le régissaient, jusqu'à l'établissement de
leur mi-souveraineté ?

Suivant la division que nous avons établie au début
de ce chapitre, envisageons d'abord le cas d'une portion
de territoire qui, acquérant une certaine autonomie, se
détache de l'Etat dont elle faisait jusque-là partie, pour
former désormais de son côté un Etat mi-souverain.

Dans le domaine économique, la situation n'est pas
la même. Nous nous trouvons en présence d'un État qui
est l'ayant cause direct de l'État démembré. Il ne s'agit
plus ici, comme dans les traités politiques, de relations
qui ont surtout lieu entre gouvernements. On a surtout
en vue les intérêts des particuliers, intérêts qui ne peuvent se trouver entièrement transformés du jour au len-
demain par suite de la transformation qui s'est opérée

dans l'État. Les événements du droit des gens sans doute atteignent les particuliers, mais ceux-ci n'en ressentent les effets qu'indirectement et dans un délai plus ou moins éloigné. Ces traités économiques ont été faits d'une façon légale, ceux envers lesquels on a pris des engagements, avaient le droit d'y compter, ils ne peuvent en perdre le bénéfice par le seul fait qu'ils ont reconnu la mi-souveraineté d'un territoire ou d'un peuple tenu envers eux d'engagements économiques et commerciaux, et envers lequel ils se considèrent et doivent se considérer comme encore tenus eux-mêmes.

Notre décision sera la même pour les traités que nous considérons comme ayant un caractère d'utilité générale. Ils ont réglé pour le plus grand intérêt des États souvent nombreux qui y ont pris part les objets auxquels ils se rapportent. Le nouvel État qui se forme a intérêt à leur maintien, bien plutôt qu'à leur suppression. Étant donné l'intérêt général qu'il y a à ne pas considérer trop facilement comme rompus les traités qui ont eu lieu, nous croyons donc, en l'espèce, devoir proposer leur maintien.

Quant aux traités réels, leur caractère même implique que l'établissement de la mi-souveraineté sur un territoire ne peut en rien y mettre fin.

Telle semble bien d'ailleurs être la solution adoptée par les puissances au traité de Berlin. Jusqu'à ce traité, la Bulgarie n'avait toujours été considérée que comme une province turque, et traitée comme telle par toutes les nations. Le sultan seul la représentait dans les rela-

tions extérieures, et les traités de la Turquie s'y appli-
quaient de plein droit, en vertu de cet axiome que ce qui
s'applique au tout s'applique à chacune de ses parties.

Le traité de Berlin de 1878 fait de la Bulgarie un État
mi-souverain qui a désormais l'autonomie intérieure,
mais reste sous la suzeraineté de la Porte. Que va-t-il
dès lors advenir des traités de la Turquie, qui la régissaient antérieurement? La question a été prévue, et l'article 8 du traité de Berlin la résout : « Les traités de
commerce et de navigation, dit-il, ainsi que toutes les
conventions et arrangements conclus entre les puissances étrangères et la Porte, et aujourd'hui en vigueur,
sont maintenus dans la principauté de Bulgarie, et aucun changement n'y sera apporté, à l'égard d'aucune
puissance, avant qu'elle y ait donné son consentement.
Les immunités et privilèges des sujets étrangers, ainsi
que les droits de juridiction et de protection consulaires
tels qu'ils ont été établis par les capitulations et les usages resteront en pleine vigueur, tant qu'ils n'auront pas
été modifiés du consentement des parties intéressées ».

D'une province essentiellement turque qu'était autrefois la Bulgarie, le traité de Berlin en a fait un État mi-
souverain lui donnant une autonomie qui l'affranchissait
jusqu'à un certain point de son suzerain le sultan. Celui-
ci cependant devait-il continuer à la représenter au point
de vue des relations internationales ? C'est un point
contesté et d'ailleurs contestable puisque le traité de
Berlin ne s'est pas expliqué à ce sujet. De fait la Bulga-

rie conclut elle-même des traités avec les Etats étrangers. Elle a notamment été représentée dans les négociations d'un traité relatif à l'échange de colis postaux, et elle a elle-même été signataire de la convention conclue à ce sujet le 3 novembre 1880.

« L'Egypte est en théorie un vilaget de l'Empire Ottoman, mais en fait un État vassal. Cette situation spéciale est le résultat d'un pacte international, quoique pour la forme, elle ait été réglée par un firman revêtu du chiffre (*Tugra*) du padichach des Ottomans, et adressé à Méhémet-Ali le 13 février 1841. L'arrangement avait eu lieu entre la Porte et quatre des grandes puissances européennes, à la suite du traité conclu entre elles et la Porte le 15 juillet 1840 ; il avait même été approuvé par ces puissances, avant d'être transmis à Méhémet-Ali (1) ».

Après les deux révoltes de Méhémet-Ali en 1832 et en 1838, après le traité secret d'alliance défensive conclu entre la Porte et la Russie en 1833, les grandes puissances jugèrent à propos d'intervenir dans les affaires turques. Des dissentiments éclatent entre les puissances : la France seule désire assurer l'indépendance presque complète de l'Egypte sous le gouvernement de Méhémet-Ali, tandis que les autres puissances, n'admettant pour l'Egypte que l'autonomie intérieure, veulent la maintenir sous la suzeraineté du Sultan. Ne pouvant amener la France à partager leurs vues, l'Autriche, la Grande-Bre-

(1) Travers Twiss, I, p. 95-96.

tagne, la Prusse et la Russie signent, le 15 juillet 1840, un traité qui assure à Méhémet-Ali la possession de l'Egypte, mais le laisse sous la dépendance de la Turquie. Après quelques résistances, Méhémet-Ali se voit obligé de céder. Des négociations s'ouvrent à Londres en 1841, et aboutissent le 13 juillet à un traité qui déclare résolue la question Egyptienne. Un firman déclara Méhémet-Ali gouverneur de l'Egypte avec hérédité dans sa famille par ordre de primogéniture et de masculinité. L'autonomie intérieure est reconnue à l'Egypte. Quant aux relations extérieures, elles doivent avoir lieu par l'intermédiaire du gouvernement turc, et les traités conclus par ce dernier sont obligatoires pour l'Egypte. Jusqu'ici, par conséquent, aucun changement dans les traités internationaux qui régissaient la Turquie et l'Egypte.

Un firman du 27 mai 1866 autorise le vice-roi à contracter des emprunts à l'étranger, et à conclure des traités de commerce, pourvu qu'ils ne soient pas en conflit avec les traités politiques de la Porte (1). Le droit de conclure des traités étant la conséquence de la souveraineté extérieure des États, il semble au premier abord que l'Égypte, État vassal de la Turquie, n'a pas le droit de conclure des traités, puisque cette souveraineté lui fait défaut. Mais il n'y a là qu'une simple délégation des pouvoirs du sultan en ce qui regarde les affaires d'Égypte. Le sultan étant lié par ses traités antérieurs ne peut, par une délégation, porter atteinte à ces traités, et

(1) Travers Twiss, 1, p. 99.

par suite, cette délégation ne peut avoir lieu que pour les traités futurs. Les traités passés jusqu'alors par le sultan doivent donc continuer à s'appliquer jusqu'à leur expiration ou leur dénonciation, non seulement à la Turquie, mais également à l'Égypte. Ce n'est qu'à leur expiration que l'Égypte pourra en contracter de nouveaux. Quant aux Etats qui n'ont pas encore de traités commerciaux relatifs à l'Egypte, ils pourront désormais en conclure librement avec elle. Encore les autres États contractants sont-ils libres d'exiger, pour la validité des traités qu'ils passent avec l'Egypte, la confirmation du sultan reconnaissant que ces traités ne renferment rien de contraire aux intérêts politiques de la Turquie.

Un firman du 8 juin 1867 donne à Ismaïl Pacha le titre de Khédive d'Égypte, confirme l'autonomie intérieure de l'Egypte, et donne au khédive des pouvoirs plus grands pour toutes les affaires se rapportant aux services de la police, des postes et du transit. Relativement aux droits de douanes, le khédive est autorisé à conclure des arrangements spéciaux avec les agents étrangers, pourvu que ces arrangements n'aient aucune signification ou portée politique.

Un nouveau firman du 8 juin 1873 confirme les précédents en ce qui concerne les conventions douanières et les traités de commerce ; il permet de conclure des traités relatifs à la condition des personnes et des biens des étrangers en Égypte. C'est en vertu des pouvoirs conférés par ce firman, que la création de tribunaux mixtes en Égypte fut décidée en 1875, par Ismaïl Pacha, après de longs pourparlers avec les puissances chrétiennes de l'Europe. C'était substituer de nouvelles conventions aux anciennes capitulations, en créant un état de choses nouveau.

A la suite de la crise financière de 1876, la France et l'Angleterre interviennent dans les affaires égyptiennes pour protéger les intérêts de leurs nationaux porteurs de titres égyptiens. A leur demande le sultan, par un hattichérif du 26 juin 1879, dépose Ismaïl et le remplace par son fils aîné Tewfik. Le firman impérial du 2 août 1879 détermine d'une façon plus rigoureuse les pouvoirs du khédive qui jusqu'alors avaient toujours été croissant. Il lui interdit de contracter aucun emprunt étranger, si ce n'est dans le but de régler la situation financière actuelle de l'Égypte, et avec l'entier assentiment de ses créanciers existants. Le khédive est aussi tenu de communiquer à la Porte, avant de les promulguer, tous les traités de commerce qu'il pourra contracter avec les agents des puissances. Sur la réclamation de l'ambassadeur d'Angleterre, la Porte explique dans une note que cette clause du firman n'a pas pour objet d'imposer au khédive la nécessité d'obtenir de la Porte la sanction des traités de ce genre avant qu'ils aient un effet pratique, mais de réserver au sultan le droit de refuser de les reconnaître s'il les trouve incompatibles avec d'autres traités politiques conclus par lui.

La situation de l'Egypte, à l'égard des anciens traités

passés par la Turquie, peut donc se résumer ainsi :

Pour les traités politiques, l'Egypte, vassale de la Turquie, reste entièrement sous la dépendance de celle-ci. Ne pouvant faire aucun traité politique, elle doit subir ceux qu'il plaira désormais à sa suzeraine de faire à son sujet. A plus forte raison reste-t-elle donc tenue des traités antérieurs.

Quant aux traités économiques, les pouvoirs qui ont été donnés au khédive ne peuvent viser que l'avenir. Tout ce qui a eu lieu antérieurement reste donc acquis, et notamment tous les traités économiques de la Turquie, qui devaient recevoir application en Egypte, doivent fatalement continuer à produire tous leurs effets jusqu'à leur dénonciation ou leur expiration telle qu'elle a pu être prévue par le traité lui-même.

Pour ce qui est des traités de frontières, et de ceux qui ont pour but des intérêts généraux, que la Turquie a consentis autrefois, à plus forte raison doivent-ils continuer à s'appliquer. Ceci est d'ailleurs conforme à la solution que nous avons toujours admise pour ces sortes de traités.

C'est par suite de l'établissement d'un protectorat, que des États jusqu'alors libres et indépendants peuvent devenir mi-souverains.

Il y a là naturellement pour l'État qui en est l'objet un changement important au sujet de ses relations extérieures. L'État protecteur prend l'engagement de veiller désormais aux intérêts de son protégé : il n'est que juste qu'en retour ce dernier ne fasse rien qui pût être contraire aux intérêts de son protecteur.

Sans doute, nous considérons que l'établissement d'un protectorat, qui a forcément lieu lui-même par un traité, ne peut aller à l'encontre de traités qui lient l'État qui se propose d'entrer sous le protectorat, à moins qu'il n'y ait là pour le futur protégé, ou même parfois pour d'autres États un intérêt capital. Nous ne croyons pas en effet qu'on puisse l'empêcher d'y recourir, pour éviter sa perte. Mais là n'est point notre sujet. Supposant l'établissement du protectorat acquis, voyons quelles en sont les conséquences sur les traités qui régissaient antérieurement l'État qui en est l'objet.

En raison de la protection, l'État protégé se trouve délié de tout traité politique antérieur qui pourrait être contraire aux intérêts de l'État protecteur. Quant aux autres, nous croyons pouvoir dire que l'État protégé, conservant intacte sa personnalité antérieure, ne se trouve nullement dégagé du respect dû à la parole donnée. Il devra donc les respecter, de même que l'État protecteur, jusqu'à l'arrivée du terme, leur dénonciation, ou jusqu'à ce qu'ils deviennent nettement contraires aux intérêts de l'État protecteur ou de l'État protégé. Les autres puissances ayant admis le protectorat ont dû raisonnablement en admettre toutes les conséquences. Telle nous paraît devoir être la solution la plus conforme à la bonne foi et à la justice. Sans doute, il pourra y avoir conflit, mais alors la médiation, l'arbitrage ou la guerre sont les seules solutions possibles.

Les mêmes motifs nous semblent dicter la même solution pour tous les traités économiques, commerciaux,
administratifs, et ceux qui sont relatifs à l'exécution des
jugements étrangers. L'État protecteur devant en tout
veiller aux intérêts de l'État protégé, pour les sauvegar-
der, il n'est que juste que rien de contraire aux intérêts
de l'État protecteur n'émane de l'État protégé. Il y aurait
là une sorte de contradiction que l'on ne saurait admettre, nous semble-t-il.

Quant à tous les autres traités de cette nature qui
n'ont rien de contraire aux intérêts de l'Etat protecteur
'intérêt de tous, loin d'en demander la suppression, en
réclame impérieusement le maintien. Loin de chercher
toutes les mesures et toutes les décisions qui pourraient
amoindrir la confiance réciproque des nations les unes
dans les autres, et susciter des conflits, il nous semble
tout à la fois plus juste, plus digne et plus équitable
d'observer scrupuleusement tous engagements qui ne
sont pas contraires à l'état de choses actuel.

Même solution, pour les traités que nous appelons
d'intérêt général. Leur maintien s'impose, de même que
celui des traités réels.

C'est ainsi que lors de l'établissement du protectorat
de la France sur la Tunisie, en vertu du traité du Bardo
du 12 mai 1881, il est stipulé (art. 4) que « le gouvernement de la République française se porte garant de
l'exécution des traités actuellement existants entre le

gouvernement de la Régence, et les diverses puissances européennes ». Mais il est évident qu'il y avait cette restriction sous-entendue qu'il fallait pour cela qu'il n'y eût là rien de trop directement contraire à l'établissement du protectorat, et partant, aux intérêts de la France, car lorsqu'on reconnaît un fait établi, il faut nécessairement en admettre toutes les conséquences. Evidemment ce n'est pas parce que la France aurait eu un léger intérêt contraire à certains traités existants de la Tunisie, que cela aurait pu mettre fin à ceux-ci : *de minimis non curat prætor*. La règle admise était donc le maintien des traités existants, sauf incompatibilité avec le protectorat.

C'est d'ailleurs, à l'heure qu'il est, la France qui tient entre ses mains toute la politique extérieure de la Tunisie. L'article 6 du traité du Bardo stipule que « le Bey s'engage à ne conclure aucun acte ayant un caractère international sans en avoir donné connaissance au gouvernement de la République française, et sans s'être entendu préalablement avec lui ». Bien mieux, ce sont les agents diplomatiques et consulaires de la France, en pays étranger, qui sont chargés de la protection des intérêts tunisiens et des nationaux de la régence, et c'est le ministre résident de France à Tunis, qui remplit auprès du Bey les fonctions de ministre des affaires étrangères.

Les intérêts politiques de la Tunisie ne sont donc plus, aux yeux des puissances étrangères, distincts de ceux de la France. Tout cela doit amener, dans un avenir plus ou moins prochain, pour la Tunisie et pour la France identité dans les traités passés avec l'étranger. Mais cela ne devait en rien porter atteinte à l'opinion que nous émettions tout à l'heure au sujet des traités existants lors de l'établissement du protectorat. Cette opinion a d'ailleurs été vigoureusement soutenue par le gouvernement français lorsqu'en 1882 il défendit devant la Chambre son projet de loi sur l'organisation des services administratifs en Tunisie. La majorité de la Chambre était contraire à cette opinion, et prétendait que tous les traités de la Tunisie devaient tomber par l'établissement du protectorat. Il y avait là désormais une situation toute nouvelle, qui devait forcément mettre fin à tous les traités qui régissaient antérieurement la Tunisie. Les intérêts communs, la représentation extérieure commune avec la France imposaient cette solution. Cette opinion fut même soutenue par le rapporteur de la commission nommée pour l'examen de cette question, M. Antonin Dubost. Il y eut une vive discussion au sujet de l'article 4 du traité du Bardo, et du maintien des capitulations. Un fait qui ne fut guère contesté que par la Turquie, c'est que la Tunisie était affranchie de la suzeraineté du sultan déjà douteuse auparavant.

La question était donc de savoir ce qu'il adviendrait des capitulations. C'est la solution soutenue par le gouvernement, et que nous avons nous-mêmes soutenue plus haut, qui prévalut. Les capitulations restèrent en

vigueur en Tunisie jusqu'à ce qu'il y eût entre les puissances accord commun pour leur abrogation. La ten-
dance française était manifeste pour la suppression des
capitulations qui n'avaient d'ailleurs plus de raison d'ê-
tre dans un pays où l'administration d'une bonne justice, et le respect des droits internationaux étaient pleinement assurés. L'Allemagne fut la première à adhérer à
la suppression des capitulations en Tunisie. L'Italie
seule, soutenue par l'Angleterre, fit quelques difficultés
qui finirent cependant par être surmontées, et la suppression de la juridiction consulaire en Tunisie eut lieu
vers la fin de décembre 1884.

A l'heure qu'il est, au fur et à mesure des besoins, la
France étend ses traités à la Tunisie. Deux déclarations
échangées récemment avec la Belgique et la Grande-
Bretagne viennent d'étendre à la Tunisie l'effet des con-
ventions qui règlent les questions d'extradition entre la
France et ces deux pays.

Que dire au sujet de l'Annam, du Tonkin, du Cam-
bodge, de Madagascar ? Les raisons de décider sont les
mêmes que pour la Tunisie ; les mêmes solutions nous
paraissent donc devoir être forcément admises. Comme
le protectorat d'ailleurs n'est en général qu'une sorte
d'acheminement progressif vers l'annexion à l'État protecteur, comme provinces ou comme colonies, des États
mi-souverains qui en sont l'objet, il y a là évidemment
toujours des éléments de fait dont on doit tenir compte.
Les puissances étrangères qui ont des traités avec les

Etats qui tombent sous le protectorat d'autres Etats plus
puissants peuvent, comme nous l'avons fait observer
plus haut, exiger l'accomplissement de leurs traités en
tant que cela n'est pas directement contraire à l'établissement du protectorat qu'ils reconnaissent.

CHAPITRE V

Pour garantir le grand principe de l'équilibre international, certains petits Etats ont été déclarés perpétuellement neutres, et leur neutralité garantie par toutes les grandes puissances européennes. Celles-ci y avaient d'ailleurs un intérêt presque égal.

Le 27 mai 1815 la diète Helvétique déclara que la confédération s'engageait à observer une neutralité permanente, et le 20 octobre 1815, la France, la Grande-Bretagne, l'Autriche, la Russie, la Prusse et le Portugal consignent dans une déclaration « la reconnaissance formelle et authentique de la neutralité perpétuelle de la Suisse, et lui garantissent l'intégrité et l'inviolabilité de son territoire (1) ». La Suisse depuis lors n'a jamais cessé de se considérer comme neutre et d'observer scrupuleusement tous les devoirs des neutres. Les autres puissances ont d'ailleurs toujours respecté cette neutralité, et les Suisses se sont toujours montrés prêts à la défendre, les armes à la main.

L'article 7 du traité signé à Londres le 19 avril 1839 entre la Belgique et les Pays-Bas, à la suite de la révolte

(1) Funck-Brentano et Sorel (1887), p. 352.

de la Belgique, porte : « La Belgique formera un Etat indépendant et perpétuellement neutre, et sera tenue d'observer cette neutralité envers tous les autres Etats ». Le même jour, la Grande-Bretagne, la France, la Russie, l'Autriche et la Prusse placèrent ce traité sous leur garantie. Depuis lors, la neutralité belge a toujours été respectée de part et d'autre.

Le 11 mai 1867, le roi des Pays-Bas, grand-duc de Luxembourg, l'Autriche, la Belgique, la France, la Grande-Bretagne, l'Italie, la Prusse et la Russie, réunies en conférence à Londres, signèrent un traité portant dans son article 11 : « Le Grand-duché de Luxembourg formera désormais un Etat perpétuellement neutre. Il sera tenu d'observer cette même neutralité envers tous les autres Etats. Les H. P. C. s'engagent à respecter le principe de neutralité stipulé par le présent article. Ce principe est et demeure placé sous la sanction de la garantie collective des puissances signataires du présent traité, à l'exception de la Belgique, qui est elle-même un Etat neutre ». En 1870 des soldats français ont échappé à la captivité en se réfugiant dans le Grand-Duché de Luxembourg. M. de Bismark s'en plaignit vivement au gouvernement grand-ducal, disant qu'il ne se considérait plus comme tenu de respecter la neutralité du Luxembourg, puisque celui-ci ne voulait ou ne pouvait pas lui-même la faire respecter. M. Servais, ministre-président du Grand-duché, répond que les soldats français se sont rendus en Belgique, au lieu de rentrer directement en France, et que le petit nombre de troupes que le traité de 1867 permet au Luxembourg d'entretenir ne le met pas à même d'exercer une surveillance efficace sur les frontières de l'État.

Quels sont les effets de la neutralité perpétuelle d'un État sur les traités antérieurement consentis par lui ?

Les traités d'alliance offensive ou défensive cessent d'exister puisqu'ils pourraient entraîner à une guerre l'État neutre, ce qui serait contraire à sa neutralité.

Les traités de garantie auxquels s'est associé cet État devenu neutre ne l'obligent plus, la neutralité mettant désormais obstacle à la guerre, qui est la seule sanction de la garantie. Il en est de même, et pour une raison identique, de tout traité politique. C'est ainsi que la Belgique, en 1867, quoique représentée à la Conférence de Londres, n'a pas été admise à garantir la neutralité du grand duché de Luxembourg.

Les traités commerciaux et économiques conservent toute leur valeur, puisqu'en principe l'État neutre peut régler librement ses relations économiques. La Belgique et la Suisse ont depuis la déclaration de leur neutralité conclu un grand nombre de traités de commerce, avec les différentes puissances. Toutefois, un État perpétuellement neutre ne pourrait entrer en union douanière avec un autre État. Ce serait former entre les États ainsi unis des liens trop étroits par suite des intérêts communs qui en résulteraient. Aussi avons-nous vu, en 1842, l'Angleterre s'opposer vivement à l'union douanière

projetée entre la France et la Belgique. M. Guizot (1),
dans ses mémoires, conteste cette solution, mais la
grande majorité des auteurs approuve la solution pratique donnée à la question (2). Le grand-duché de Luxembourg, malgré sa neutralité perpétuelle, est resté en
union douanière avec l'Allemagne. Les grandes puissances n'ont jamais protesté contre cet état de choses,
en raison de ce que le Luxembourg faisait autrefois partie de la Confédération germanique.

Quant aux traités de limite, en raison de leur réalité,
ils conservent toute leur force antérieure.

(1) Guizot, *Mémoires,* tome VI, p. 276 et suiv.
(2) M. Renault à son cours.

TABLE DES MATIÈRES

POSITIONS

DROIT ROMAIN.

Positions prises dans la thèse.

I. — Les traités d'amitié ou d'alliance que Rome consentait aux rois étaient essentiellement personnels et viagers.

II. — Les traités d'amitié étaient toujours révocables.

III. — L'approbation du Sénat a toujours été nécessaire pour la pleine validité d'un traité consenti à un roi.

IV. — Rome, dans les traités qu'elle consentait, avait toujours comme but final la conversion du pays en province romaine.

Positions prises hors de la thèse.

I. — L'action *finium requndorum* ne s'applique qu'aux fonds non bâtis, *prædia rustica*.

II. — Le mariage se forme par la cohabitation, et non *solo consensu* : c'est un contrat réel.

III. — Le romain captif racheté par un tiers ne recouvre son entière liberté qu'après le remboursement du prix de la rançon.

IV. — Dans la tradition, la mauvaise foi de l'*accipiens* ne met pas obstacle à la translation de la propriété.

DROIT DES GENS.

Positions prises dans la thèse.

I. — Les traités politiques d'un État prennent fin par la déclaration de sa neutralité perpétuelle.

II. — Les traités de frontière, en raison de leur réalité conservent toute leur valeur pour la partie du territoire à laquelle ils se réfèrent, quelles que soient ses transformations politiques.

III. — Il y a entre l'Autriche et la Hongrie union réelle, et non pas union personnelle.

IV. — La conclusion d'une union personnelle n'a aucune influence sur les traités économiques.

DROIT CIVIL.

I. — En fin de bail, l'article 555 n'est pas applicable.

II. — La dot mobilière de la femme dotale est aliénable.

III. — L'énumération des personnes présumées interposées par l'article 911 du Code civil n'est pas limitative.

IV. — L'article 656 du Code civil s'applique tout aussi bien dans les villes et faubourgs que dans les campagnes.

DROIT CRIMINEL.

I. — Le ministère public ne peut poursuivre le délit d'adultère de la femme lorsque le mari s'est désisté de sa plainte.

II. — Il appartient au tribunal correctionnel de changer la qualification donnée aux faits par l'ordonnance du renvoi, et de substituer un délit nouveau à celui qui lui est déféré, à condition de ne rien changer à ces faits.

DROIT COMMERCIAL.

I. — Le paiement fait de bonne foi à échéance par le tiré est valable, même si le porteur de l'effet de commerce est un incapable.

DROIT ADMINISTRATIF.

Les fabriques ne peuvent recevoir de legs faits pour être distribués aux pauvres.

Vu :

Le Doyen,

COLMET DE SANTERRE.   Vu .

Le Président de la thèse,

RENAULT.

Vu et permis d'imprimer :

Le Vice-Recteur de l'Académie de Paris,

GRÉARD.

Imp. G. Saint-Aubin et Thevenot, Saint-Dizier (Haute-Marne), 30, passage Verdeau, Paris.